CONSENSUALISMO NA ADMINISTRAÇÃO PÚBLICA E REGULAÇÃO

Reflexões para um Direito Administrativo do século XXI

BRUNO DANTAS

Prefácio
Gilmar Ferreira Mendes

CONSENSUALISMO NA ADMINISTRAÇÃO PÚBLICA E REGULAÇÃO

Reflexões para um Direito Administrativo do século XXI

Belo Horizonte

2023

© 2023 Editora Fórum Ltda.

É proibida a reprodução total ou parcial desta obra, por qualquer meio eletrônico, inclusive por processos xerográficos, sem autorização expressa do Editor.

Conselho Editorial

Adilson Abreu Dallari
Alécia Paolucci Nogueira Bicalho
Alexandre Coutinho Pagliarini
André Ramos Tavares
Carlos Ayres Britto
Carlos Mário da Silva Velloso
Cármen Lúcia Antunes Rocha
Cesar Augusto Guimarães Pereira
Clovis Beznos
Cristiana Fortini
Dinorá Adelaide Musetti Grotti
Diogo de Figueiredo Moreira Neto (*in memoriam*)
Egon Bockmann Moreira
Emerson Gabardo
Fabrício Motta
Fernando Rossi
Flávio Henrique Unes Pereira

Floriano de Azevedo Marques Neto
Gustavo Justino de Oliveira
Inês Virgínia Prado Soares
Jorge Ulisses Jacoby Fernandes
Juarez Freitas
Luciano Ferraz
Lúcio Delfino
Marcia Carla Pereira Ribeiro
Márcio Cammarosano
Marcos Ehrhardt Jr.
Maria Sylvia Zanella Di Pietro
Ney José de Freitas
Oswaldo Othon de Pontes Saraiva Filho
Paulo Modesto
Romeu Felipe Bacellar Filho
Sérgio Guerra
Walber de Moura Agra

FÓRUM
CONHECIMENTO JURÍDICO

Luís Cláudio Rodrigues Ferreira
Presidente e Editor

Coordenação editorial: Leonardo Eustáquio Siqueira Araújo
Aline Sobreira de Oliveira

Rua Paulo Ribeiro Bastos, 211 – Jardim Atlântico – CEP 31710-430
Belo Horizonte – Minas Gerais – Tel.: (31) 99412.0131
www.editoraforum.com.br – editoraforum@editoraforum.com.br

Técnica. Empenho. Zelo. Esses foram alguns dos cuidados aplicados na edição desta obra. No entanto, podem ocorrer erros de impressão, digitação ou mesmo restar alguma dúvida conceitual. Caso se constate algo assim, solicitamos a gentileza de nos comunicar através do *e-mail* editorial@editoraforum.com.br para que possamos esclarecer, no que couber. A sua contribuição é muito importante para mantermos a excelência editorial. A Editora Fórum agradece a sua contribuição.

Dados Internacionais de Catalogação na Publicação (CIP) de acordo com ISBD

D192c	Dantas, Bruno Consensualismo na Administração Pública e regulação: reflexões para um direito administrativo do século XXI. / Bruno Dantas. Belo Horizonte: Fórum, 2023. 186 p. 14,5x21,5cm ISBN 978-65-5518-595-9 1. Direito administrativo. 2. Regulação. 3. Administração Pública. 4. Consensualismo. 5. Direito da Regulação. I. Título. CDD: 342 CDU: 342

Ficha catalográfica elaborada por Lissandra Ruas Lima – CRB/6 – 2851

Informação bibliográfica deste livro, conforme a NBR 6023:2018 da Associação Brasileira de Normas Técnicas (ABNT):

DANTAS, Bruno. *Consensualismo na Administração Pública e regulação*: reflexões para um direito administrativo do século XXI. Belo Horizonte: Fórum, 2023. 186 p. ISBN 978-65-5518-595-9.

SUMÁRIO

PREFÁCIO
Gilmar Ferreira Mendes.. 9

O RISCO DE "INFANTILIZAR" A GESTÃO PÚBLICA: AGÊNCIAS REGULADORAS E GESTORES PÚBLICOS EM GERAL TÊM EVITADO TOMAR DECISÕES INOVADORAS POR RECEIO DE TEREM ATOS QUESTIONADOS. OU PIOR: DEIXAM DE DECIDIR À ESPERA DE AVAL PRÉVIO DO TCU
Bruno Dantas... 15

ANÁLISE CRÍTICA DA TRANSFORMAÇÃO DO CONTROLE EXTERNO A CARGO DO TCU: O PARADIGMA CONSTITUCIONAL DE 1988
Bruno Dantas, Frederico Dias... 19
1   Introdução... 19
2   A Constituição Federal de 1988 e o papel do controle para o aprimoramento das instituições.. 21
3   A evolução do controle externo nas três décadas de vigência da Constituição Cidadã... 29
4   Perspectivas e desafios para o controle da Administração Pública... 40
       Referências.. 44

CONSENSUALISMO, EFICIÊNCIA E PLURALISMO ADMINISTRATIVO: UM ESTUDO SOBRE A ADOÇÃO DA MEDIAÇÃO PELO TCU
Bruno Dantas... 49
1   Introdução... 49
2   Da atividade imperativa unilateral à cultura do diálogo: a metamorfose administrativa impulsionada pelo desenvolvimento da governança pública................................... 51

3	Fundamentos teóricos do consensualismo e a inserção da mediação na Administração Pública: promovendo eficiência e pluralismo administrativo	56
4	Transação no Poder Público *v.* indisponibilidade do interesse público	60
5	Sobre a implementação da mediação no Tribunal de Contas da União: *fast-track* para a homologação de reequilíbrios em contratos de infraestrutura	63
5.1	Desenho procedimental para a mediação no Tribunal de Contas da União	65
6	Conclusão	67
	Referências	69

ATIVIDADE REGULATÓRIA E CONTROLE: IMPACTOS E DESENVOLVIMENTO DE UM AMBIENTE DE GOVERNANÇA REGULATÓRIA

Bruno Dantas 71

1	Introdução	71
2	O papel do controle para o aprimoramento das instituições	74
3	Evolução da atividade de controle para uma abordagem finalística	80
4	Controle da regulação e aprimoramento da governança regulatória	85
5	Conclusão	91

A GOVERNANÇA NAS AGÊNCIAS REGULADORAS: UMA PROPOSTA PARA O CASO DE VACÂNCIA

Bruno Dantas, Valdecyr Maciel Gomes 93

1	Introdução	93
2	As atribuições do TCU	95
3	Componentes essenciais da governança	102
4	Os resultados dos trabalhos de fiscalização do TCU nas agências	103
4.1	Estratégia organizacional	104
4.2	Autonomia decisória	105
4.3	A estabilidade da diretoria da ANP	107
4.4	Conflito de interesse	111
4.5	A transparência	113
4.6	Política de gestão de riscos	114
4.7	Análise do impacto regulatório	115

4.8	A autonomia financeira das agências	116
5	Parecer do TCU sobre a governança das agências	117
6	Conclusão: uma proposta para o caso de vacância	118
	Referências	121

A TRANSPARÊNCIA DECISÓRIA NAS AGÊNCIAS REGULADORAS E A PRESTAÇÃO DE CONTAS AO CIDADÃO
Bruno Dantas, Alexandre Freire 123

CONTROLE EXTERNO DA REGULAÇÃO: UM ESTUDO DE CASO DA REABERTURA DO AEROPORTO DA PAMPULHA
Bruno Dantas, Gabriel Rebello Esteves Area, Sandro Zachariades Sabença 131

	Introdução	131
1	O TCU na Constituição Federal de 1988	132
2	O controle externo das escolhas regulatórias	134
2.1	Questões preliminares	134
2.2	O estabelecimento de um modelo a ser testado no estudo de caso: quais os limites para a atuação do TCU no exame de questões regulatórias?	136
3	Estudo de caso: a reabertura do Aeroporto da Pampulha	142
3.1	Do julgamento de mérito	151
3.2	Análise crítica do caso estudado	152
	Conclusão	155
	Referências	156

O RISCO DE CONFLITO REGULATÓRIO NA MOVIMENTAÇÃO DE GÁS NATURAL
Bruno Dantas, Alexander Leonard Martins Kellner 159

	Introdução	159
1	Conceito funcional de regulação ao setor de transporte rodoviário de gás natural	162
2	Do potencial conflito normativo	174
3	Soluções possíveis	178
	Considerações finais	180
	Referências	181

SOBRE OS COLABORADORES 185

PREFÁCIO

É com grande alegria que saudamos a publicação de *Consensualismo na Administração Pública e regulação: reflexões para um direito administrativo do século XXI*, de autoria de Bruno Dantas, eminente ministro (e atual presidente) do Tribunal de Contas da União.

O tema é instigante e seu enfrentamento traduz ato, sobretudo, de coragem intelectual, considerada a tradição de nosso direito administrativo, profundamente conformado pelo modelo das escolas de Toulouse e de Bordeaux.[1] Sobre a pedra angular de noções como a de "autoridade pública" e de "poder de império", tais escolas conferiram ao direito administrativo a feição de veículo normativo das prerrogativas estatais –[2] prerrogativas que inspiraram a justificativa

---

[1] Cf. PEREZ, Marcos. O mundo que Hely não viu: governança democrática e fragmentação do direito administrativo. Diálogo entre a teoria sistêmica de Hely e os paradigmas atuais do direito administrativo. *In*: WALD, Arnoldo; JUSTEN FILHO, Marçal; PEREIRA, César (Org.). *O direito administrativo na atualidade*: estudos em homenagem ao centenário de Hely Lopes Meirelles (1917-2017). São Paulo: Malheiros, 2017. p. 852.

[2] DUGUIT, Léon. *Les transformations du Droit Public*. Paris: Armand Colin, 1913. p. XVIII: "Le principe de tout le système du droit public moderne se trouve résumé dans la proposition suivante: ceux qui en fait détiennent le pouvoir n'ont pas un droit subjectif de puissance publique; mais ils ont le devoir d'employer leur pouvoir à organiser les services publics et à contrôler le fonctionnement". Cf. JÈZE, Gaston. *Les principes généraux du droit administratif III*: le fonctionnement des services publics (1926). Paris: Dalloz, 2011, e a assertiva análise promovida por Olivier Beaud, catedrático da Paris II: BEAUD, Olivier. L'œuvre de Gaston Jèze signifie-t-elle un repli de la doctrine publiciste française sur la technique juridique? *Jus Politicum – Revue de Droit Politique*, Paris, n. 11, p. 1-36, dez. 2013. É possível também observar tais enfoques como uma suavização do poder soberano do Estado: MELLERAY, Fabrice. Léon Duguit. L'État détrôné. *In*: MELLERAY, Fabrice; HAKIM, Nader (Org.). *Le renouveau de la doctrine française*: les grands auteurs de la pensée juridique au tournant du XX siècle. Paris: Dalloz, 2009. p. 215-262. Não por último, em Maurice Hauriou, docente em Toulouse, o poder público assenta-se no poder de império, e a limitação deste pelo serviço público (e, portanto, pelo direito) é antes de mais nada uma autolimitação, como fica claro na introdução de: HAURIOU, Maurice. *Précis de Droit Administratif et de Droit Public*. Paris: Sirey, 1933.

de poderes exorbitantes construídos pela dogmática juspublicista.[3]

Trata-se de um modelo que fez fortuna no Ocidente. Até hoje subsiste, em corações e mentes. Um modelo que traduz um direito administrativo pensado *ex pars principe*, porque fundamentado numa relação bipolar entre, de um lado, a Administração e, de outro, o súdito-administrado.[4] Sabino Cassese divisa nesse modelo de direito administrativo as seguintes premissas de fundo: legalidade como fundamento da ação administrativa e crença na suficiência da planificação normativa por ela levada a efeito; perspectiva homogênea do interesse público; crença na planificação normativa *ex lege*; compreensão de que a atividade administrativa teria natureza comutativa (atribui direitos a partir da aplicação direta da lei).[5]

Esse modelo começa a perder potencial explicativo com o advento do Estado social. Cai a antiga concepção de sociedade, típica do liberalismo do século XIX, que a reputava como um todo homogêneo, o que, decerto, apenas seria possível mediante uma ficção excludente, que tomava por sociedade apenas a "melhor sociedade".[6] Assim, "a uma concepção de homogeneidade do interesse público, segue-se uma situação de heterogeneidade; da visão de unicidade, passou-se à concreta existência de multiplicidade de interesses públicos".[7] Um novo

---

[3] ARAGÃO, Alexandre Santos de. *Direito dos serviços públicos*. 3. ed. Rio de Janeiro: Forense, 2013. p. 73-94, principalmente.

[4] MARQUES NETO, Floriano de Azevedo. A bipolaridade do direito administrativo e sua superação. In: ARAGÃO, Alexandre Santos de; MARQUES NETO, Floriano de Azevedo (Org.). *Direito Administrativo e seus novos paradigmas*. 2. ed. Belo Horizonte: Fórum, 2018. p. 101.

[5] CASSESE, Sabino. L'Arena Pubblica: nuovi paradigmi per lo Stato. *Rivista Trimestrale di Diritto Pubblico*, Milão, v. 51, n. 3, p. 601-650, jul./set. 2001.

[6] No Pós-Guerra, percebeu-se a necessidade de se promover a inclusão política de toda a população (critérios de renda ou de gênero tornam-se impraticáveis). Esse cenário foi descrito como a passagem do Estado monoclasse para o Estado pluriclasse por: GIANNINI, Massimo Severo. I pubblici poteri negli Stati Pluriclasse. *Rivista Trimestrale di Diritto Pubblico*, Milão, v. 29, n. 2-3, p. 389-404, 1979.

[7] MEDAUAR, Odete. *O direito administrativo em evolução*. 3. ed. Brasília: Gazeta Jurídica, 2017. p. 234.

modelo de direito administrativo foi exigido; surge o que Sabino Cassese nomina de "paradigma relacional". Nele: a lei assimila fins, visões de mundo e interesses concorrentes ou mesmo contraditórios; a Administração Pública arroga-se na função de ponderar interesses e, portanto, de fazer escolhas; a função administrativa notabiliza-se pela tarefa de composição de interesses em si heterogêneos.[8]

Esse movimento, descrito pela melhor doutrina como a superação da bipolaridade do direito administrativo,[9] faz surgir uma função administrativa cuja compleição jurídica assume forma e essência multipolar. No estágio em que se encontra o Estado Constitucional,[10] é deveras ilusório cogitar que há, apenas, dois interesses conflitantes em jogo, o do Estado-Administração e do administrado-súdito: há vários outros, inclusive interesses difusos, titularizados por todos.[11]

Nesse direito administrativo renovado, exerce papel de destaque a consensualidade – os "módulos convencionais", na dicção de Fernando Dias Menezes de Almeida.[12] O consensualismo – ao qual Bruno Dantas ora dedica esta coletânea – é a um só tempo expressão do abandono à lógica unilateral do direito administrativo e vetor dessa transformação. O administrado

---

[8] CASSESE, Sabino. L'Arena Pubblica: nuovi paradigmi per lo Stato. *Rivista Trimestrale di Diritto Pubblico*, Milão, v. 51, n. 3, p. 601-650, jul./set. 2001.
[9] MARQUES NETO, Floriano de Azevedo. A bipolaridade do direito administrativo e sua superação. *In*: ARAGÃO, Alexandre Santos de; MARQUES NETO, Floriano de Azevedo (Org.). *Direito Administrativo e seus novos paradigmas*. 2. ed. Belo Horizonte: Fórum, 2018. p. 127.
[10] HÄBERLE, Peter. *El Estado Constitucional*. Tradução de Hector Fix-Fierro. Cidade do México: Universidad Autônoma de México, 2001. p. 3, na qual caracteriza tal modelo de organização política pelos seguintes traços basilares: (i) dignidade humana como premissa antropológico-cultural; (ii) soberania popular e divisão de poderes, (iii) direitos fundamentais e tolerância; (iv) pluralidade dos partidos e independência dos tribunais, ou seja, como democracia pluralista, como sociedade aberta.
[11] CARVALHO NETTO, Menelick de. A contribuição do direito administrativo enfocado da ótica do administrado para uma reflexão acerca dos fundamentos do controle de constitucionalidade das leis no Brasil: um pequeno exercício de teoria da Constituição. *Fórum Administrativo*, Belo Horizonte, p. 11-20, mar. 2001.
[12] ALMEIDA, Fernando Dias Menezes de. *Contrato administrativo*. São Paulo: Quartier Latin, 2012. p. 236 e ss.

tem algo a dizer; pode colaborar na construção da decisão administrativa. Não se trata apenas de, por mera concessão tática, ouvir quem está abaixo. Como assinala Karl-Heinz Ladeur, pelo procedimento se cria um mecanismo propício para a criação e combinação de conhecimento para a tomada de decisão.[13] Assim, a participação gera uma vantagem, para a Administração Pública, de cunho informacional (pode conhecer mais, e melhor, os fatos e interesses), mas também de cunho democrático (o engajamento de quem é afetado pela decisão torna mais plausível o respeito à posição jusfundamental do cidadão).

Foi essa ordem de ideias que orientou uma série de inovações no direito brasileiro que permitiram a adoção de soluções de problemas de interesse da Administração Pública sem que se recorresse aos tribunais, as chamadas soluções consensuais de conflito. Soluções como a mediação de conflitos entre empresas e órgãos reguladores; na resolução de processos administrativos com acordo entre os gestores públicos e os particulares. Também nessa senda colocam-se os acordos de leniência, com sua típica natureza dúplice de ferramenta de abreviação das investigações administrativas e de meio de obtenção de prova no processo administrativo.[14]

Necessário registrar que a realização de acordos em processos de persecução a infrações é um fenômeno recente no

---

[13] LADEUR, Karl-Heinz. The Emergence of Global Administrative Law and Transnational Regulation. *Transnational Legal Theory*, Abingdon (UK), v. 3, n. 3, p. 243-267, 2012.

[14] Nesse aspecto, os acordos de leniência relativizam a clássica categorização entre acordos administrativos substitutivos e acordos integrativos. Se, por um lado, o acordo de leniência necessariamente envolve a finalidade de integração processual – na medida em que a empresa signatária do acordo assume as obrigações de identificar os demais envolvidos na infração –, por outro lado a sua celebração não necessariamente implicará que a Administração Pública deixe de emitir ato imperativo e unilateral sancionatório, a depender do regime analisado. Cf. MENDES, Gilmar Ferreira; FERNANDES, Victor Oliveira. Acordos de leniência e regimes sancionadores múltiplos: pontos de partida para uma integração constitucional. *In*: DANTAS, Marcelo Navarro Ribeiro (Org.). *Inovações no Sistema de Justiça*: meios alternativos de resolução de conflitos, justiça multiportas e iniciativas para a redução da litigiosidade – Estudos em homenagem a Múcio Vilar Ribeiro Dantas. São Paulo: Revista dos Tribunais, 2022.

Brasil e ganhou notoriedade, nos últimos anos, especialmente com o patológico fenômeno do lava-jatismo. Entretanto, os acordos que se seguiram a tal operação também demonstraram, prodigamente, uma série de problemas de coordenação e sobreposição entre as diversas autoridades e regimes de responsabilização existentes no país. Também implementação da Lei nº 12.846/2013, que cuida da responsabilização administrativa e civil de pessoas jurídicas pela prática de atos contra a Administração Pública, tem dado azo a tais perplexidades em sua implementação. Ao inaugurar nova forma de punição de pessoas jurídicas por atos de corrupção e possibilitar a formalização de acordos de leniência, igualmente revela uma muito peculiar disputa entre as autoridades responsáveis pelo microssistema anticorrupção, no qual cada uma, baseada em argumentações mais ou menos elásticas da mencionada lei e de outras normas do ordenamento jurídico brasileiro, busca conferir uma interpretação sobre a competência para a negociação e assinatura desses acordos, bem como sobre seus efeitos.

Essa realidade possui efeitos ambíguos sobre o desenvolvimento de uma política atrativa e segura de acordos de leniência. Apesar de ainda faltar uma integração constitucional capaz de solver os circuitos de sobreposições, redundâncias e conflitos entre tais atores estatais, não há dúvidas de que a utilização de soluções consensuais na Administração Pública tem se mostrado uma alternativa efetiva para enfrentar desafios relacionados à transparência, ética e eficiência na gestão dos recursos públicos.

Bruno Dantas ingressa nesse complexo debate, e brinda o direito administrativo brasileiro com as nove intervenções que compõem esta coletânea, todas imbuídas exatamente do propósito (ainda que implícito) de construir uma integração constitucionalmente ancorada entre as múltiplas instâncias de responsabilização. São escritos que espelham o amplo processo de modernização experimentado pelos Tribunais de Contas brasileiros, que para tanto largamente se beneficiaram de produtivo diálogo com a Intosai[15] (*International Organization of Supreme Audit Institutions*), da qual, a propósito, o autor desta coletânea é atual presidente. Saudamos a publicação por tudo isso: pela assertividade com que enfrenta tema tão multifacetado, pelo embasamento doutrinário subjacente à abordagem e, não por último, pela maestria com a qual conjuga, nos escritos, a rica experiência havida na judicatura de contas.

Gilmar Ferreira Mendes
Doutor em Direito pela Universidade de Münster (Alemanha). Professor de Direito Constitucional nos cursos de graduação e pós-graduação do Instituto Brasileiro de Ensino, Desenvolvimento e Pesquisa (IDP). Ministro do Supremo Tribunal Federal.

---

[15] Ampla documentação dessas inovações em: LIMA, Edilberto Carlos Pontes; DINIZ, Gleison Mendonça. O Tribunal de Contas no século XXI: desafios e perspectivas. *In*: LIMA, Edilberto Carlos Pontes (Org.). *O Tribunal de Contas do século XXI*. Belo Horizonte: Fórum, 2020. p. 101 e ss.

O RISCO DE "INFANTILIZAR" A GESTÃO PÚBLICA: AGÊNCIAS REGULADORAS E GESTORES PÚBLICOS EM GERAL TÊM EVITADO TOMAR DECISÕES INOVADORAS POR RECEIO DE TEREM ATOS QUESTIONADOS. OU PIOR: DEIXAM DE DECIDIR À ESPERA DE AVAL PRÉVIO DO TCU

BRUNO DANTAS

O controle da Administração Pública passou por profunda transformação nos últimos 30 anos, impulsionado pela configuração institucional da Constituição de 88, que em boa hora fortaleceu órgãos como o MP e o TCU. Deve haver, porém, equilíbrio entre gestão e seu controle, sob pena de criarmos no país um "apagão decisório", despertando nos gestores temor semelhante ao de crianças inseguras educadas por pais opressores.

A Emenda Constitucional nº 19 lançou bases para uma administração gerencial, mitigando o modelo burocrático, de matriz weberiana, instituído em 1988. Aos novos instrumentos que propugnam uma gestão voltada para resultados, deve corresponder um controle de mesma índole.

A busca da eficiência, todavia, não pode significar o afrouxamento do controle de legalidade e o combate à improbidade deve prosseguir com rigor. A transição de modelos, contudo, tem sido tormentosa tanto para o gestor, quanto para o controlador. Num quadro pavoroso de corrupção, o risco que se corre é o da generalização indevida, e é preciso responsabilidade para resistir a esse impulso.

O controle de legalidade possui contornos bem definidos, já o de eficiência é menos preciso e mais subjetivo. Exatamente por isso a hipertrofia e o voluntarismo devem ser repelidos nos órgãos de controle, pois não possuem legitimação democrática para formular políticas públicas. O controlador da administração gerencial deve agir com autocontenção e noção de consequencialismo.

Richard Posner caracteriza o consequencialismo pela necessidade de se observar os impactos econômicos das decisões estatais, tendo em vista que a maximização de riqueza incrementa o bem-estar das pessoas, e esse é o objetivo de qualquer nação. É comum decisões bem-intencionadas causarem resultados desastrosos. Segundo Posner, decisões assim são intrinsecamente erradas.

Se, do ponto de vista administrativo, uma política pública que consome dezenas ou centenas de bilhões de reais do orçamento e não resulta em benefícios para a população é tão condenável quanto uma licitação fraudada ou um contrato superfaturado, que ferramentas órgãos de controle têm para medir e controlar a eficiência dessa ação de governo?

O TCU tem se esmerado em realizar auditorias operacionais que identificam fragilidades, riscos e oportunidades de aperfeiçoamento na gestão governamental. Justamente por navegar nos mares da eficiência, e não no controle estrito da legalidade, é preciso resistir à tentação de substituir o gestor público nas escolhas que cabem ao Poder Executivo, e é essa a autocontenção que defendo.

É comum que especialistas – como são os auditores – tenham concepções e fórmulas até mais inteligentes para os problemas identificados, mas o controle de eficiência deve mirar processos de tomada de decisão e a razoabilidade dos critérios adotados, sem pretensões quixotescas ou salvacionistas.

A hipertrofia do controle gera a infantilização da gestão pública. Agências reguladoras e gestores públicos em geral têm evitado tomar decisões inovadoras por receio de terem atos questionados. Ou pior: deixam de decidir questões simples à espera de aval prévio do TCU. Para remediar isso, é preciso introduzir uma dose de consequencialismo.

Em correspondência recente, fui relembrado pelo Prof. Adilson Dallari (PUC-SP) daquilo que o jurista argentino Roberto Dromi apelidou de código do fracasso na administração pública: "Art. 1º: não pode; Art. 2º: em caso de dúvida, abstenha-se; Art. 3º: se é urgente, espere; Art. 4º: sempre é mais prudente não fazer nada". O Brasil precisa revogar esse código urgentemente.

Informação bibliográfica deste texto, conforme a NBR 6023:2018 da Associação Brasileira de Normas Técnicas (ABNT):

DANTAS, Bruno. O risco de "infantilizar" a gestão pública: agências reguladoras e gestores públicos em geral têm evitado tomar decisões inovadoras por receio de terem atos questionados. Ou pior: deixam de decidir à espera de aval prévio do TCU. In: DANTAS, Bruno. *Consensualismo na Administração Pública e regulação*: reflexões para um Direito Administrativo do século XXI Belo Horizonte: Fórum, 2023. p. 15-17. ISBN 978-65-5518-595-9.

ANÁLISE CRÍTICA DA TRANSFORMAÇÃO DO CONTROLE EXTERNO A CARGO DO TCU: O PARADIGMA CONSTITUCIONAL DE 1988

BRUNO DANTAS
FREDERICO DIAS

1 Introdução

Em *The Federalist Papers*, ao estabelecer e interpretar as bases da Constituição da sociedade americana, Madison pressupunha a necessidade de se limitar o poder a fim de preservar a liberdade dos cidadãos e o Estado democrático. Adotando uma postura eminentemente cética em relação à natureza humana, a obra tem como eixo central o controle sobre os detentores do poder:

> Mas o que é o governo em si próprio senão a maior de todas as reflexões sobre a natureza humana? Se os homens fossem anjos nenhuma espécie de governo seria necessária. Se fossem os anjos a governar os homens, não seriam necessários controles externos nem internos sobre o governo. Ao construir um governo em que a administração será feita por homens sobre outros homens, a maior dificuldade reside nisto: primeiro é preciso habilitar o governo a controlar os governados; e, seguidamente, obrigar o governo a controlar-se a si próprio. A dependência do povo é, sem

dúvida, o controlo primário sobre o governo; mas a experiência ensinou à humanidade a necessidade de precauções auxiliares.[1]

Ou seja, o bom funcionamento do Estado depende essencialmente do controle exercido pelo povo sobre o poder dos governantes (esse "controle primário", na dicção de *O Federalista*, poderia ser atualmente associado à ideia de *accountability* vertical).[2] Todavia, isso não basta, sendo necessárias "precauções auxiliares". Ao longo do texto, Madison vai sustentar que o mais conveniente seria a dispersão do poder na estrutura estatal, de modo a formar uma verdadeira teia de controles mútuos e recíprocos, ou o que ficou conhecido como estrutura de "freios e contrapesos".

Transcorridos 230 anos desde a elaboração daquela obra seminal para o constitucionalismo e a filosofia política, é interessante observar como essas ideias ainda pautam os sistemas políticos contemporâneos. Por isso, é inevitável admitir que "controles importam" quando se examina a evolução das instituições.

O presente artigo versa mais especificamente sobre a evolução do controle exercido pelo Tribunal de Contas da União nas últimas três décadas, desde a promulgação da Constituição Cidadã, em 1988. Nos dias de hoje, podemos considerar que a função de controle vai muito além da mera contenção do poder, uma vez está a cargo dos órgãos de controle, também, o papel de, por meio do exercício de suas atribuições, contribuir para a melhoria da gestão pública. Afinal,

---

[1] MADISON, James. *Os artigos federalistas*: 1787-1788. Rio de Janeiro: Nova Fronteira, 1993.
[2] A doutrina segmenta em duas dimensões o conceito de *accountability*: a vertical e a horizontal. O conceito de *accountability* vertical envolve as ações realizadas individualmente e/ou coletivamente em face daqueles que exercem posições em instituições do Estado (é o caso das eleições e das reivindicações sociais). Por sua vez, a *accountability* horizontal é integrada por agências estatais possuidoras de direito, poder legal, disposição e capacidade para controlar e corrigir a gestão. Cf SACRAMENTO, Ana R. S. Contribuições da Lei de Responsabilidade Fiscal para o avanço da accountability no Brasil. *Cadernos Gestão Pública e Cidadania*/CEAPG, São Paulo, v. 10, n. 47, p. 20-47, 2005.

a atividade de controle não se esgota em si mesma, devendo ser encarada sob uma perspectiva instrumental, direcionada para a proteção e o alcance do interesse público primário, ou seja, o bem-estar da sociedade.

Na primeira parte deste texto, enfoca-se o posicionamento constitucional da Corte de Contas como ator relevante para o aprimoramento das instituições, ressaltando-se também o papel da Constituição de 1988 como marco político-jurídico a partir do qual o controle adquire novas responsabilidades e novas perspectivas.

Logo em seguida, apresenta-se a evolução do controle nas últimas três décadas, trajetória que se assemelha às transformações por que passou a própria Administração Pública. Tomando por base a esfera federal, sustenta-se que o advento da Administração gerencial deslocou o foco do controle para os resultados da ação estatal, os quais se identificam, finalisticamente, com o bem-estar da sociedade.

Na parte final do artigo, mencionam-se novos aspectos e temas que representam perspectivas e desafios para o controle nesta etapa contemporânea da Administração Pública.

2 A Constituição Federal de 1988 e o papel do controle para o aprimoramento das instituições

Em virtude das prerrogativas e das garantias que lhes foram atribuídas pela Constituição Federal de 1998, os órgãos de controle[3] posicionam-se como peças-chave para o desenvolvimento das instituições.

---

[3] Para fins deste artigo, as expressões "controle público", "controle da Administração Pública" e "órgãos de controle" devem ser compreendidas como relacionadas à fiscalização contábil, financeira, orçamentária, operacional e patrimonial da Administração Pública, e às instituições responsáveis por essa atividade, sob uma perspectiva técnica, mais precisamente os órgãos de controle interno mencionados no art. 74 da CF/88 e, especialmente, os Tribunais de Contas.

Conforme já assentamos em outra oportunidade,[4] a história política da humanidade é a história da luta dos membros da coletividade contra os detentores do poder. Por razões práticas, o exercício do poder está condicionado ao desenvolvimento da organização estatal a fim de que possam ser cumpridas suas funções. Assim, o governo pode ser conceituado como o conjunto de órgãos mediante os quais a vontade do Estado é formulada, expressada e realizada, ou o conjunto de órgãos supremos a quem incumbe o exercício das funções do poder político: legislativa, jurisdicional e executiva.[5]

Traçados os fins que devem ser buscados pela atividade estatal, caberá à atividade financeira do Estado obter os recursos necessários, geri-los e gastá-los para satisfazer os interesses da população.[6] O orçamento público surge, então, como um dos principais mecanismos para o exercício das funções estatais, constituindo-se como principal documento de políticas públicas do governo.[7] Ao mesmo tempo, é forma de contenção de gastos perdulários com despesas dissociadas dos interesses coletivos e possibilita a fiscalização financeira dos governantes. Não é por outra razão que, desde sua origem, o orçamento está intimamente relacionado ao controle exercido pelo parlamento sobre os planos propostos pelo Poder Executivo.[8]

---

[4] DANTAS, Bruno; DIAS, Frederico. O TCU está para a Lei de Responsabilidade Fiscal assim como o STF está para a Constituição Federal. *In*: COÊLHO, Marcus V. F.; ALLEMAND, Luiz C.; ABRAHAM, Marcus. *Responsabilidade Fiscal*: análise da Lei Complementar nº 101/2000. Brasília: OAB – Conselho Federal, 2016. p. 102.

[5] SILVA, José Afonso da. *Curso de direito constitucional positivo*. 33. ed. São Paulo: Malheiros, 2010. p. 107.

[6] OLIVEIRA, Regis Fernandes de. *Curso de direito financeiro*. 6. ed. São Paulo: Revista dos Tribunais, 2014. p. 156.

[7] ABRUCIO, Fernando L.; LOUREIRO, Maria R. Finanças públicas, democracia e accountability: debate teórico e o caso brasileiro. *In*: ARVATE, Paulo R.; BIDERMAN, Ciro. *Economia do setor público no Brasil*. Rio de Janeiro: Elsevier; Campus, 2004. p. 75-102.

[8] NÓBREGA, Marcos. Orçamento, eficiência e performance budget. *In*: CONTI, José Maurício; SCAFF, Fernando Facury (Coord.). *Orçamentos públicos e direito financeiro*. São Paulo: Revista dos Tribunais, 2011.

Como a atuação estatal se dá por meio de agentes e órgãos, concluímos que, na maioria das vezes, incumbe a terceiros – e não ao povo, titular do poder político – exercer o poder e gerir os recursos necessários para a realização da atividade estatal. O modelo republicano atenua esse problema, porquanto os agentes estatais ficam obrigados a prestar contas sobre como exercem o poder e gerem os recursos (a *res publica*).

O controle público origina-se, portanto, a partir do risco de que a atuação dos governantes possa estar em desacordo com a vontade primordial dos governados. Tal dissenso de vontades se assemelha ao que se entende por "conflito de agência", que surge quando há divergência de interesses entre administradores (agentes) e proprietários (principal) nas organizações em geral. No âmbito do setor privado, a governança corporativa se destina a proteger os acionistas (principal), em especial os minoritários, dos eventuais desmandos da alta cúpula gerencial (agentes). Na esfera pública, a sociedade (principal) faz o papel dos acionistas e os gestores públicos (agentes) se equiparam ao corpo gerencial das empresas, na medida em que recebem da sociedade o poder para gerenciar os recursos arrecadados e devolvê-los na forma de serviços.[9]

Além de disporem de certa autonomia na gestão dos recursos públicos, os gestores (agentes) detêm mais informações sobre o que de fato ocorre na gestão do que a sociedade (principal), conformando o que se entende por assimetria informacional ou abismo informacional –[10] uma das principais molas propulsoras do conflito de agência.

Em virtude desse conflito, vislumbram-se dois tipos de problemas, ambos indesejáveis sob a óptica de um Estado

---

[9] NARDES, João Augusto Ribeiro. O controle externo como indutor da governança em prol do desenvolvimento. *Revista do Tribunal de Contas da União*, Brasília, ano 45, n. 127, p. 16-19, maio/ago. 2013.
[10] ALBUQUERQUE, João Henrique Medeiros *et al*. Um estudo sob a óptica da teoria do agenciamento sobre a accountability e a relação Estado-sociedade. *In*: CONGRESSO USP DE CONTROLADORIA E CONTABILIDADE, 7., 2007. São Paulo: USP, 2007. p. 26-39.

republicano e democrático. Em primeiro lugar, o risco de desalinhamento entre a condução da coisa pública e os anseios da sociedade. Para controlar esse tipo de risco, os cidadãos precisam de informações fornecidas pelos agentes estatais (direito à informação). Nesse contexto, surge um segundo tipo de risco, o de que haja alguma disparidade entre o que está sendo informado e o que foi ou está sendo efetivamente realizado.

Como mediadora do conflito de informação entre Estado e sociedade, surge a figura da *accountability*,[11] com os atributos de transparência, clareza e tempestividade da informação, no intuito de aproximar os dois polos dessa relação de agência.[12] Os sistemas democráticos encontram fundamento na *accountability*, já que a informação é um pressuposto básico da transparência dos negócios públicos em uma verdadeira e legítima democracia. Sem informações adequadas a respeito da gestão pública, os cidadãos ficam privados de realizar julgamentos adequados a respeito dos atos praticados por seus governantes.[13]

Tanto o controle interno quanto os Tribunais de Contas podem ser considerados agências de *accountability* na área das finanças públicas, mais especificamente *accountability* horizontal.[14] De qualquer forma, essa fiscalização propicia melhores condições para o exercício do controle social (*accountability*

---

[11] A *accountability* pode ser entendida como a obrigação que têm as pessoas às quais se tenham confiado recursos de assumir responsabilidades, de ordem fiscal, gerencial e programática, por seus atos e omissões e de, voluntariamente, informar a quem lhes delegou a responsabilidade por meio da prestação de contas (BRASIL. Tribunal de Contas da União. *Referencial Básico de Governança Aplicável a Órgãos e Entidades da Administração Pública.* Versão 2. Brasília: TCU, Secretaria de Planejamento, Governança e Gestão, 2014. 80 p.).

[12] ALBUQUERQUE, João Henrique Medeiros *et al.* Um estudo sob a óptica da teoria do agenciamento sobre a accountability e a relação Estado-sociedade. *In*: CONGRESSO USP DE CONTROLADORIA E CONTABILIDADE, 7., 2007. São Paulo: USP, 2007.

[13] NAKAGAWA, Masayuki; RELVAS, Tânia Regina Sordi; DIAS FILHO, José Maria. Accountability: a razão de ser da contabilidade. *Revista de Educação e Pesquisa em Contabilidade – REPEC*, Brasília, v. 1, n. 3, p. 83-100, set./dez. 2007.

[14] Conforme definição apresentada à nota 3.

vertical), uma vez que a qualidade da informação é fator preponderante para que qualquer participação ativa da sociedade possa ser efetiva. Esses órgãos contribuem, portanto, para atenuar o conflito de agência, promovendo valores republicanos e aprimorando o regime democrático.[15]

Por representar uma visão externa – e, portanto, mais independente – sobre a integridade dos atos e das informações públicas, colocando lupa e luz sobre os fatos da gestão mais relevantes, as Cortes de Contas necessitam de garantias que lhes permitam ser imparciais no exercício de suas competências. Nesse sentido, o art. 73 da Constituição molda uma estrutura de regras desenhadas para assegurar a independência de seus membros e a inexistência de qualquer relação de subordinação em relação a qualquer um dos poderes.

No que se refere à composição do Tribunal de Contas, o recrutamento segue dois critérios básicos, insculpidos no §2º do mesmo dispositivo constitucional: (i) uma partilha entre os poderes Executivo e Legislativo, com vistas a assegurar a participação de ambos na composição da Corte e em homenagem ao princípio da separação dos poderes; e (ii) uma partilha interna às escolhas a cargo do Poder Executivo, justificada pela necessidade de conferir também expertise ao órgão.[16]

Para além desse clássico papel que desempenham na contenção do arbítrio, os órgãos de controle também receberam da Constituição relevantes funções adicionais às que já apresentavam no regime anterior. É por isso que a Carta Cidadã é considerada um marco jurídico fundamental, o qual

---

[15] Na França, encara-se *La Cour des Comptes* como "instituição auxiliar da democracia", exatamente em virtude desse papel de prestar informações à cidadania a respeito da condução dos assuntos de interesse público, permitindo aos cidadãos e seus eleitos efetuar, com conhecimento de causa, as escolhas que atendem ao povo soberano (WILLEMAN, Marianna M. *Accountability democrática e o desenho institucional dos Tribunais de Contas no Brasil*. Belo Horizonte: Fórum, 2017).

[16] WILLEMAN, Marianna M. *Accountability democrática e o desenho institucional dos Tribunais de Contas no Brasil*. Belo Horizonte: Fórum, 2017.

forneceu as bases para que a atuação desses órgãos evoluísse e ganhasse maior notoriedade.[17]

Ricardo Lobo Torres defende que a parte financeira da Constituição, que abrange as normas sobre finanças públicas e orçamento (arts. 163 a 169) e a fiscalização contábil, financeira e orçamentária (arts. 70 a 75), é um "subsistema elaborado em estrita consonância com os avanços do constitucionalismo de nações desenvolvidas e plenamente ajustado à modernidade".[18] A grande novidade trazida pelo texto constitucional é a previsão de controles da "legalidade, legitimidade[19] e economicidade",[20] uma vez que, anteriormente, só se mencionava o controle formal de legalidade. O autor reforça a relevância dessa inovação associando-a com a relação entre direitos fundamentais e finanças públicas:

> A norma do art. 70 da Constituição Federal de 1988 distingue entre a fiscalização formal (legalidade) e a material (economicidade),

---

[17] De acordo com o ex-ministro do TCU, Bento Bugarin: "coube à Constituição de 1988 promover nas competências do Tribunal de Contas da União o maior incremento de sua história". Cf. BUGARIN, Bento José. O controle externo no Brasil: evolução, características e perspectivas. *Revista do TCU*, n. 86, p. 338-352, 2000.

[18] TORRES, Ricardo Lobo. A legitimidade democrática e o Tribunal de Contas. *Revista de Direito Administrativo*, v. 194, p. 31-45, 1993.

[19] A verificação quanto à legitimidade diz respeito a avaliar se o ato controlado realiza o direito fundamental que lhe é subjacente na medida e na profundidade exigida pela Constituição (cf. CASTRO, José Ricardo Parreira de. *Ativismo de contas* – Controle das políticas públicas pelos Tribunais de Contas. Rio de Janeiro: Jam Jurídica, 2015. p. 161). Significa proceder à investigação dos elementos ideológicos e teleológicos do ato praticado pelo administrador, possibilitando a identificação de eventuais desvios de finalidade ou de poder, de fraude à lei ou de ações contrárias aos princípios do direito, especialmente, ao interesse público (cf. MILESKI, Helio Saul. *O controle da gestão pública*. São Paulo: Revista dos Tribunais, 2003. p. 294).

[20] O vocábulo *economicidade* se vincula, finalisticamente, no plano da ciência econômica e da teoria geral da administração, à ideia fundamental de desempenho qualitativo. Como parâmetro de controle, permite avaliar, portanto, a obtenção do melhor resultado estratégico possível de determinada alocação de recursos financeiros, econômicos e/ou patrimoniais em dado cenário socioeconômico (cf. BUGARIN, Paulo Soares. *O princípio constitucional da economicidade na jurisprudência do Tribunal de Contas da União*. Belo Horizonte: Fórum, 2004. p. 210). A ideia de controle de economicidade é fazer com que a Administração utilize os dinheiros públicos de forma racional, buscando uma otimização que produza o melhor benefício ao menor custo, com atendimento dos princípios da legalidade e da legitimidade, tendo em conta o fator de eficiência (cf. MILESKI, Helio Saul. *O controle da gestão pública*. São Paulo: Revista dos Tribunais, 2003. p. 296).

sintetizadas no controle da moralidade (legitimidade), isto é, estabelece o controle externo sobre a validade formal, a eficácia e o fundamento da execução orçamentária. Mas o controle da legalidade não se exaure na fiscalização formal, senão que se consubstancia no próprio controle das garantias normativas ou da segurança dos direitos fundamentais; o da economicidade tem sobretudo o objetivo de garantir a justiça e o direito fundamental à igualdade dos cidadãos; o da legitimidade entende com a própria fundamentação ética da atividade financeira. De modo que o estudo sobre o papel institucional do Tribunal de Contas deve se iniciar necessariamente pelo exame do relacionamento entre as finanças públicas e os direitos fundamentais. [...]
Os direitos fundamentais têm uma relação profunda e essencial com as finanças públicas. Dependem, para a sua integridade e defesa, da saúde e do equilíbrio da atividade financeira do Estado, ao mesmo tempo em que lhe fornecem o fundamento da legalidade e da legitimidade. Os direitos fundamentais se relacionam com os diversos aspectos das finanças públicas. [...]
Cabendo ao Tribunal de Contas, de acordo com o art. 70 da Constituição Federal, a fiscalização contábil, financeira, orçamentária, operacional e patrimonial da União e das entidades da administração direta e indireta, quanto à legalidade, legitimidade e economicidade, segue-se que passa ele a exercer papel de suma importância no controle das garantias normativas ou principiológicas da liberdade, ou seja, no controle da segurança dos direitos fundamentais.[21]

Embora não seja unívoco e isento de disputas o sentido de economicidade e legitimidade como parâmetros de controle, é certo que a inclusão desses termos no texto constitucional alarga, em alguma medida, o controle exercido sobre os atos da Administração Pública. Ou seja, ainda que determinada escolha pública esteja dentro das balizas legais, poderá a Corte de Contas ou mesmo o controle interno avaliarem a sua razoabilidade em face dos princípios da legitimidade e da economicidade. De qualquer forma, continua preservado o espaço

---

[21] TORRES, Ricardo Lobo. A legitimidade democrática e o Tribunal de Contas. *Revista de Direito Administrativo*, v. 194, p. 31-45, 1993.

de decisão do gestor, não podendo o controlador substituir as opções administrativas pelas suas próprias preferências.

Além dos novos parâmetros de controle, a Constituição trouxe a possibilidade de realização de auditorias de natureza operacional, as quais agregam dimensões de desempenho ao controle exercido pelo Tribunal de Contas.[22] Podemos considerar que, com essa inovação, a Constituição de 1988 deu ao TCU características que conjugam um perfil latino de tribunal de contas (controle de regularidade, competência de julgamento e poder de sanção) com um perfil anglo-saxônico de controladoria ou auditoria-geral (controle de performance).

A fiscalização operacional tem o intuito de avaliar o grau de cumprimento dos objetivos e metas previstos na lei orçamentária; determinar a eficiência (máximo de rendimento sem desperdício de gastos e tempo), a eficácia (realização das metas programadas) e a economicidade (operação ao menor custo possível) dos atos de gestão praticados; e avaliar a eficácia dos controles, com vistas a formular recomendações que possibilitem aprimorar a gestão ou a política. Trata-se de "estágio evolutivo no sistema de controle da atividade financeira do Estado, na medida em que, além de visar à preservação das finanças e do patrimônio público, passa também a ter o sentido do aperfeiçoamento das instituições administrativas".[23]

Também o sistema de controle interno recebeu atribuições de relevo da Carta Maior, que lhe deu caráter mais finalístico, voltado a resultados. Com efeito, incumbe ao controle interno avaliar o cumprimento de metas planejadas, bem como os

---

[22] Constituição Federal, art. 70, *caput*, e art. 71, inc. IV. A auditoria operacional é o exame independente e objetivo da economicidade, eficiência, eficácia e efetividade de organizações, programas e atividades governamentais, com a finalidade de promover o aperfeiçoamento da gestão pública. Enquanto a eficácia se relaciona ao grau de alcance das metas programadas (bens e serviços), a efetividade diz respeito ao alcance dos resultados pretendidos, em médio e longo prazo. Cf. BRASIL. Tribunal de Contas da União. *Manual de auditoria operacional*. Brasília: TCU; Secretaria de Fiscalização e Avaliação de Programas de Governo, 2010.

[23] MILESKI, Helio Saul. *O controle da gestão pública*. São Paulo: Revista dos Tribunais, 2003. p. 287.

resultados da gestão pública, quanto à eficácia e à eficiência (Constituição Federal, art. 74).

O desenho institucional que emerge da Constituição Federal favorece uma atividade de controle mais abrangente, a qual, sem descurar da análise da regularidade dos atos do poder público, agrega novas dimensões do controle, de cariz finalístico, com foco em resultados.

Esse delineamento dado pela matriz constitucional de 1988 forneceu as bases para que, três décadas depois, os órgãos de controle, em especial o Tribunal de Contas da União, pudessem conciliar um acurado controle de regularidade e diversas iniciativas de natureza mais propositiva e contributiva. Nesse sentido, no intuito de aprimorar a Administração Pública em benefício da sociedade, espera-se tanto coibir fraudes quanto aprimorar a governança e as políticas públicas.[24]

3 A evolução do controle externo nas três décadas de vigência da Constituição Cidadã

Nas últimas três décadas, a trajetória do controle externo[25] acompanhou os movimentos experimentados pela Administração Pública e pelo próprio Estado brasileiro.

Numa primeira fase, o controle assumia ares formalísticos, quase "cartoriais", de mera legalidade. De maneira geral,

---

[24] No Mapa Estratégico do TCU (2015-2021), acolhe-se a missão de "Aprimorar a Administração Pública em benefício da sociedade por meio do controle externo" e os seguintes resultados: (i) aprimorar a governança e a gestão em organizações e políticas públicas; (ii) coibir a má gestão dos recursos públicos; e (iii) fomentar a Administração Pública transparente. No nível tático, são adotadas as seguintes diretrizes para os anos de 2017 e 2018: combate à fraude e corrupção; avaliação da eficiência e da qualidade dos serviços públicos; avaliação de resultados de políticas e programas públicos; e promoção da transparência (BRASIL. Tribunal de Contas da União. *Planos de controle externo e de diretrizes do Tribunal de Contas da União*: vigência abril 2017 a março de 2019. Brasília: TCU, Segepres, 2017). No mesmo sentido, o Mapa Estratégico da Controladoria-Geral da União (2016-2019) estabelece como missão: "Promover o aperfeiçoamento e a transparência da Gestão Pública, a prevenção e o combate à corrupção, com participação social, por meio da avaliação e controle das políticas públicas e da qualidade do gasto".

[25] Tomando por base o âmbito federal, ante a evolução experimentada pelo Tribunal de Contas da União.

realizavam-se análises documentais e se verificava essencialmente o atendimento a formalidades e o cumprimento estrito da lei. O TCU era um órgão preponderantemente burocrático, de registro contábil e apostilamento de informações oficiais.

Mas, conforme dito anteriormente, a Constituição de 1988 e as novas modalidades de controle trouxeram grandes mudanças na forma de atuação dos Tribunais de Contas, de modo que, hoje, é praticamente inconcebível uma fiscalização ater-se apenas ao crivo de estrita legalidade. Mesmo em análises de conformidade, procuram-se apreciar contratações e execuções contratuais de modo mais abrangente, superando a mera análise formal.[26]

Paulatinamente, desde a nova Constituição, o que se observou foi uma evolução do controle em dois sentidos distintos. No primeiro deles, as fiscalizações dirigem sua lupa para o controle de economicidade, mas ainda numa ótica de conformidade. Dentro dessa vertente, podemos destacar o desenvolvimento e aprimoramento das auditorias de obras públicas e nos setores de infraestrutura em geral.

O TCU adquiriu grande visibilidade a partir dos planos de fiscalização de obras públicas (Fiscobras) – seleção de obras públicas realizada com base em critérios de materialidade de recursos envolvidos, localização geográfica e relevância social, incluindo-se projetos, editais e empreendimentos em execução. Nessa sistemática, verifica-se a regularidade da aplicação dos recursos orçamentários e são apontadas as irregularidades mais relevantes, a fim de mitigar possíveis prejuízos e propor medidas corretivas. Considerando as informações sobre obras com indícios de irregularidades graves encaminhadas pelo TCU, o Congresso Nacional avalia quais empreendimentos devem deixar de receber dotações orçamentárias, de forma

---

[26] CITADINI, Antônio Roque. *O controle externo da Administração Pública*. São Paulo: Max Limonad, 1995.

a evitar, por consequência, desvios e prejuízos significativos ao erário.[27]

Ao longo das últimas duas décadas, a atuação do TCU nessa matéria contribuiu para evitar desperdícios da ordem de bilhões de reais por meio de ações de controle em empreendimentos de infraestrutura, as quais enfocavam o preço das obras e as falhas nos projetos de engenharia.

Recentemente, dando um passo rumo a um controle de caráter mais finalístico, o Tribunal passou a avaliar os empreendimentos de infraestrutura também sob a ótica de sua funcionalidade, a partir de uma abordagem mais sistêmica e estruturante. Iniciaram-se fiscalizações que objetivavam diagnosticar os principais gargalos que envolvem as políticas governamentais do setor de infraestrutura. Nessa linha, sem abandonar o exame da regularidade dos preços contratados, o escopo das auditorias acrescenta uma análise acerca da obra dentro do contexto do alcance das políticas públicas a que se destina, possibilitando uma visão mais ampla dos resultados perseguidos por aquele grupo de investimentos.[28]

O segundo sentido de evolução do controle a que nos referimos se deu a partir do desenvolvimento de auditorias de

---

[27] BRASIL. Tribunal de Contas da União. *Fiscobras*: 20 anos. Brasília: TCU; Secretaria-Geral de Controle Externo, 2016. p. 208.

[28] Nos termos do voto condutor do Acórdão nº 1.299/2015-TCU-Plenário: "7. Conforme explanei em outra oportunidade, o sucesso de uma política pública extrapola a mera execução da obra, pois é função do efetivo benefício social que se pretende alcançar. Vale dizer, quando a sociedade não usufrui daquele bem, o resultado é idêntico ao da sua não existência: são recursos públicos desperdiçados. Por isso, o controle volta-se não apenas para a construção da rodovia em si, mas também à sua integração com os demais modais de transporte responsáveis pelo escoamento da safra de grãos rumo à exportação. Amplia-se, nesse exemplo, o objeto de fiscalização para todo o corredor logístico globalmente considerado. Nas obras do Projeto de Integração do Rio São Francisco, para citar mais um exemplo, a lupa da auditoria desloca-se dos detalhes de determinado contrato para o exame de todo o subsistema hídrico – o que engloba, além das adutoras principais, seus respectivos ramais e barragens, todos conjuntamente necessários para que os recursos hídricos atinjam, de fato, os destinatários do programa. Afinal, de nada adiantaria uma usina desprovida da linha de transmissão correspondente; ou a construção de uma estação de tratamento sem o respectivo sistema de adução que conduza a água até ela".

natureza operacional e avaliação de programas, tendo como parâmetro de controle principal a eficácia da ação estatal.

Por meio de auditorias operacionais, o TCU analisa se o objeto da auditoria (um empreendimento, um sistema, um programa, uma organização etc.) está funcionando de acordo com os princípios da economicidade, eficiência e eficácia, e profere recomendações, se houver espaço para aperfeiçoamento.

Nas últimas duas décadas, foram ganhando força e visibilidade esses trabalhos de avaliação de programas governamentais e modelos regulatórios de serviços públicos, realizados a partir das mais modernas técnicas utilizadas por entidades fiscalizadoras superiores em outros países. Alguns trabalhos dessa natureza tiveram destaque e os resultados propiciaram uma série de melhorias nas respectivas políticas públicas. Os trabalhos realizados no ProUni, no Fies, no programa Governo Eletrônico e na qualidade da telefonia são exemplos de algumas auditorias operacionais de grande repercussão.

Nessa vertente, o foco do controle desloca-se dos meios para os resultados da ação estatal e para o mapeamento de pontos críticos que merecem intervenção seletiva, com vistas ao aprimoramento da gestão.

É interessante observar como a transição de um controle voltado a aspectos formais para um controle finalístico, com foco nos resultados da ação estatal, está intimamente relacionada à transformação de paradigmas por que passou a Administração Pública nos últimos anos, em que o aparelho de Estado deixa de ser eminentemente burocrático para incorporar cada vez mais características e instrumentos de caráter gerencial.

Conforme argumento desenvolvido no Plano Diretor de Reforma do Aparelho do Estado, a Administração Pública gerencial caracteriza-se por apresentar controle voltado mais aos resultados (fins) do que aos processos (meios).[29] Nos quadros desse paradigma, o TCU desenvolveu ações de controle mais sofisticadas, finalísticas, de natureza operacional, as quais buscam verificar se as metas e os objetivos estão sendo ou não alcançados.[30]

Recentemente, sob uma perspectiva mais ampla, percebeu-se que não se deve restringir a noção de resultados aos produtos imediatos e ao cumprimento de metas numéricas de insumos despendidos. A finalidade última da ação estatal é o bem-estar das pessoas. Esse é o resultado que deve ser buscado pela Administração Pública – e também pelo controle. Por isso, a atenção dos órgãos de controle tem se voltado, cada vez mais, para o aprimoramento do aparelho de Estado, visando atingir a sociedade e melhorar a vida de seus cidadãos. Destaque-se, a propósito, a tônica dada pelo TCU no seu *Mapa estratégico* ao adotar como missão "Aprimorar a Administração Pública *em benefício da sociedade* por meio do controle externo".

É importante atentar para isto: por trás de expressões como "interesse público primário" e "bem-estar da sociedade" e de estratégias como "politicas públicas" e "desenvolvimento sustentável", está o cidadão como causa primeira e finalidade última da ação estatal. É sintomático que, ao recentemente anunciar os Objetivos de Desenvolvimento Sustentável (ODS), as Nações Unidas deixam claro que aquele conjunto de objetivos e metas universais e transformadoras se pretende "abrangente, de longo alcance e *centrado nas pessoas*".

Seja dando estabilidade e segurança jurídica, seja intervindo nas relações sociais e econômicas, é papel do Estado

---

[29] BRASIL. *Plano diretor da reforma do aparelho do Estado*. Brasília: Presidência da República, Câmara da Reforma do Estado. Ministério da Administração Federal e Reforma do Estado, 1995.

[30] Manifestação de Benjamin Zymler, ministro do Tribunal de Contas da União, em Seminário Internacional organizado pelo Instituto Helio Beltrão em setembro de 2001 (SEMINÁRIO INTERNACIONAL: DEBATES E TRABALHOS APRESENTADOS EM BRASÍLIA. Setembro de 2001. Quem controla as agências reguladoras de serviço público? Brasília: IHB, 2003. p. 46).

propiciar às pessoas as condições para a melhoria da qualidade de vida e a ampliação das oportunidades de desenvolverem suas potencialidades. Assim, é possível perceber por meio de diferentes abordagens que aprimorar o aparelho de Estado e aperfeiçoar suas instituições são formas de contribuir para que as pessoas tenham uma melhor qualidade de vida.

Ao apresentar os resultados de pesquisa envolvendo dados de vinte países a respeito dos últimos duzentos anos, Thomas Piketty sustenta que nações pobres se aproximam das mais ricas na medida em que alcançam o mesmo nível de desenvolvimento tecnológico, de qualificação de mão de obra, de educação. E esse processo é acelerado, sobretudo, pela capacidade desses países de mobilizar os financiamentos e as instituições que permitam investir vastos montantes na formação de seu povo, tudo isso sob as garantias de um contexto jurídico para os diferentes atores. Ele está, portanto, intimamente relacionado ao processo de construção de uma potência pública (um governo) legítima e eficaz.[31]

Em outra vertente, e apresentando pesquisa acerca das razões do baixo crescimento no Brasil, Marcos Mendes defende que não é possível que o país cresça a taxas elevadas apoiado, entre outros elementos, em precária infraestrutura (de transportes, energia e comunicações), com trabalhadores de baixa qualificação, com gastos públicos em ritmo insustentável de crescimento, com sistema judicial emperrado e taxas de juros muito acima da média internacional.[32]

Também são perversos para o desenvolvimento do país os impactos decorrentes de uma "cultura de corrupção". Dados estimativos indicam que 5% do Produto Interno Bruto (PIB) global seja tomado pela corrupção,[33] que o custo médio anual

---

[31] PIKETTY, Thomas. *O capital no século XXI*. 1. ed. Rio de Janeiro: Intrínseca, 2014.
[32] MENDES, Marcos. *Por que o Brasil cresce pouco?*: desigualdade, democracia e baixo crescimento no país do futuro. Rio de Janeiro: Elsevier Brasil, 2017.
[33] Segundo a Organização para a Cooperação e Desenvolvimento Econômico.

da corrupção no Brasil representa algo em torno de 1,38% a 2,3% do PIB[34] e que as perdas decorrentes da corrupção no Brasil atingem cerca de R$200 bilhões por ano.[35] [36] Mas os efeitos sistêmicos da corrupção vão muito além do que as cifras e estatísticas conseguem captar, afetando a credibilidade do país, a produtividade individual e empresarial, bem como os níveis de eficiência, solapando, dessa maneira, os princípios que propiciam um ambiente de negócios sadio e atraem investimentos.

Os brasileiros já consideram a corrupção um dos principais problemas do país, superando questões mais antigas e recorrentes como saúde, educação e segurança. Em âmbito internacional, as Nações Unidas elegeram o combate à corrupção como uma das metas a serem perseguidas nos ODS, considerada um dos pressupostos para o atingimento de Objetivos de Desenvolvimento Sustentável, como saúde e bem-estar, educação de qualidade, trabalho decente e crescimento econômico.[37] Em razão da percepção sobre os maléficos efeitos econômicos que a corrupção produz, o tema vem ganhando notoriedade internacional nas últimas décadas. É certo que o combate à corrupção sofreu impulso fundamental quando a discussão "abandona o campo da ética, da sociologia e do Direito e ganha o terreno da economia e das finanças internacionais".[38]

---

[34] Segundo a Federação das Indústrias do Estado de São Paulo.
[35] Segundo o Procurador do Ministério Público Federal Deltan Dallagnol.
[36] PAULA, Marco Aurélio Borges de. Efeitos da corrupção para o desenvolvimento. *In*: PAULA, Marco Aurélio Borges de; CASTRO, Rodrigo Pironti Aguirre de (Coord.). *Compliance, gestão de riscos e combate à corrupção*: integridade para o desenvolvimento. Belo Horizonte: Fórum, 2018. p. 21-44.
[37] GOTO, Reynaldo. O combate à corrupção sob a ótica dos objetivos de desenvolvimento sustentável. *In*: PAULA, Marco Aurélio Borges de; CASTRO, Rodrigo Pironti Aguirre de (Coord.). *Compliance, gestão de riscos e combate à corrupção*: integridade para o desenvolvimento. Belo Horizonte: Fórum, 2018. p. 45-51.
[38] FURTADO, Lucas Rocha. *Brasil e corrupção*: análise de casos (inclusive a Lava Jato). Belo Horizonte: Fórum, 2018. p. 30.

Se o enfrentamento de todas essas questões envolve decisões governamentais e políticas públicas, é possível inferir que o controle tem muito a contribuir, direta ou indiretamente. O Tribunal de Contas da União sabe do seu papel fundamental de indutor do aperfeiçoamento da governança pública, da melhoria da qualidade na prestação dos serviços públicos, da manutenção da segurança jurídica, da estabilidade das instituições e da integridade nas relações travadas entre Estado e sociedade. São nesse sentido várias iniciativas conduzidas pelo TCU nos últimos anos, as quais têm produzido valorosos resultados para a Administração Pública e para a sociedade.

No que se refere aos ODS, por exemplo, a visão do TCU é a de que "os desafios colocados dizem respeito a toda a sociedade e cabe às instituições governamentais criar as condições para o alcance dos objetivos e metas, por meio de políticas públicas efetivas". O papel das instituições superiores de controle nesse tema foi definido em discussões na Organização das Nações Unidas (ONU). Em síntese, cabe a órgãos como o TCU avaliar os sistemas de monitoramento, incluindo a preparação dos governos para a implementação dos ODS, realizar auditorias de desempenho em programas e políticas que contribuam para o alcance dos objetivos, ser modelo de transparência e *accountability*, bem como avaliar e dar suporte especificamente à implementação dos objetivos de paz, justiça e instituições eficazes.[39] Ainda dentro do contexto das auditorias operacionais, o TCU tem desenvolvido sua capacidade de avaliar a governança de políticas públicas, órgãos e entidades e centros de governo. Considerando o papel do Estado na qualidade de promotor de desenvolvimento, transformação social e bem-estar, a governança compreende a estrutura empreendida para garantir que esses resultados sejam definidos e alcançados. O controle devidamente voltado

---

[39] Acórdãos nºs 298/2017-TCU-Plenário e 1.968/2017-TCU-Plenário.

a essa questão pode colaborar para o aumento da governança e a maximização da capacidade de alcance de resultados, refletindo na melhoria da Administração Pública e na entrega de serviços que atendam às reais expectativas dos cidadãos.[40]

O TCU também tem buscado formas de aprimorar a eficiência do setor público, uma vez que a ineficiência pode ser elencada como uma das principais causas de prestação de serviços de baixa qualidade e de desperdício de recursos. O desafio de atender às demandas crescentes da sociedade com limitado volume de recursos financeiros passa, necessariamente, pela melhoria da qualidade do gasto público. A melhoria sustentável da eficiência pública depende do aprimoramento da capacidade organizacional das entidades da Administração Pública. Isso inclui a possibilidade de flexibilização normativa, a qual permite tratar os controles de forma mais adequada, ao desobrigar gestores de parte dos controles – aqueles desnecessários, sem efetividade – e possibilitar a adoção de controles mais dinâmicos, vinculados a uma gestão de riscos. Trabalhos recentes do Tribunal têm por objetivo enfrentar essas questões em abordagens inovadoras, a exemplo da ação de controle formulada para avaliar possibilidades de desburocratização. Nessa seara, o TCU pode contribuir para a eficiência do Estado tanto na melhoria de serviços públicos disponíveis aos cidadãos quanto no aumento da competitividade econômica do país. Espera-se que essas fiscalizações possam propiciar a simplificação de regras, mediante uma análise custo-benefício dos controles existentes, a diminuição de sobreposições e duplicidades; o compartilhamento de soluções e sistemas para necessidades similares (a exemplo do processo judicial eletrônico em órgãos do Poder Judiciário);

---

[40] BRASIL. Tribunal de Contas da União. *Referencial para Avaliação da Governança do Centro de Governo*. Brasília: TCU, 2016.

e a redução do tempo e do custo do atendimento à sociedade mediante a simplificação de procedimentos.[41]

Outra relevante frente de atuação do Tribunal, dessa vez como fator de estabilidade e segurança, diz respeito ao controle da atividade regulatória.[42] É reconhecida a essencialidade da boa governança regulatória com vistas a criar as bases para a atração de investimentos privados que financiem o aperfeiçoamento da infraestrutura nacional. De se notar que o TCU não atua diretamente formulando políticas regulatórias ou direcionando a regulação, mas sobretudo fiscaliza a atuação das agências em face de suas competências legais, de modo que estas não ultrapassem os marcos legais do setor. O objetivo do controle não é outro senão o de garantir regularidade, transparência e auditabilidade aos atos das agências. Cabe ressaltar que, ao reduzir eventuais riscos de captura do regulador, o controle externo cria condições necessárias para estabilidade das regras, o correto cumprimento dos contratos e a eficiência da regulação.[43]

Ainda tratando de segurança e credibilidade, é relevante destacar o papel do Tribunal de Contas da União como garante da verdade fiscal e afiançador dos números apresentados pelo setor público. O desenvolvimento do país exige a paulatina construção de um ambiente estável, confiável, transparente e favorável ao investimento. A fidedignidade das informações

---

[41] AKUTSU, Luiz. Eficiência Pública. *Revista do TCU*, Brasília, n. 139, p. 12-15, 2017. p. 12-15.

[42] Nos próximos anos, é razoável prever o aprofundamento de um modelo de maior participação do setor privado nos investimentos direcionados a grandes empreendimentos, uma vez que, num ambiente de crise fiscal e reequilíbrio das contas públicas, o desenvolvimento da infraestrutura dependerá da ampliação das concessões. Acompanhando esse movimento de reestruturação da atuação governamental, o controle externo também precisa se readaptar: em vez de fiscalizar as obras, os atos de controle passam a ser realizados sobre os reguladores. Vale dizer, controla-se a função de regular, que também é controle. Por isso, fala-se em "controle de segunda ordem".

[43] COUTINHO, Maria do Amparo; GOMES, Marcelo Barros; WANDERLEY, Maurício Albuquerque. 10 anos de controle externo da regulação de serviços públicos. In: BRASIL. Tribunal de Contas da União. *Regulação de serviços públicos e controle externo*. Brasília: TCU; Secretaria de Fiscalização de Desestatização, 2008.

prestadas é pressuposto essencial para o estabelecimento de qualquer relação de confiança, permeada por comportamento íntegro e boas práticas de *compliance*. Num contexto de crise fiscal e global como o que vivemos, o TCU tem desenvolvido suas técnicas de auditoria financeira, assumindo o importante papel institucional de transmitir confiança para a sociedade[44] e credibilidade ao governo perante os investidores. Assegurando a fidedignidade e a qualidade das informações relacionadas às finanças governamentais, o controle externo favorece o desenvolvimento de um ambiente *accountable* e dá credibilidade ao país. Afinal, "informações financeiras confiáveis constituem o pilar da boa governança das finanças públicas".[45]

O combate à fraude e à corrupção é outra forma de aprimorar a gestão pública. O papel fiscalizador e sancionador do Tribunal de Contas da União, bem como a expectativa de controle decorrente da sua atividade, são elementos que ajudam a coibir desvios e outros malfeitos. Em outra vertente, situam-se as fiscalizações realizadas no intuito de induzir a melhoria nos processos internos dos órgãos públicos, o que reforça as linhas de defesa das instituições. Verifica-se, dessa maneira, o combate à corrupção exercido pelo TCU em três ênfases distintas: detecção, punição e prevenção.

Também nessa matéria o TCU tem aprimorado suas ferramentas de trabalho,[46] incorporando a detecção de fraude e corrupção nas suas rotinas de auditoria. Nesse assunto, o TCU reconhece que são bastante limitadas as informações

---

[44] CEDRAZ, Aroldo; DUTRA, Tiago Alves de Gouveia Lins. Credibilidade dos governos, papel das EFS e boas práticas internacionais de auditoria financeira. *Revista do TCU*, n. 129, p. 38-49, 2014.

[45] DUTRA, Tiago Alves de Gouveia Lins; CHAMPOMIER, Jean-Michel. A função de auditoria financeira em Tribunais de Contas: as perspectivas do TCU e a experiência da Corte de Contas da França. *Revista do TCU*, n. 130, p. 70-81, 2014.

[46] Mais uma vez, o Tribunal se amolda às modificações ocorridas no seio da Administração Pública, tendo em vista que o contexto atual reclama profundas transformações no Estado, especialmente em virtude das revelações que vieram à tona após o início da Operação Lava Jato.

produzidas tradicionalmente, bem como é limitado o poder de investigação administrativo. Verificou-se que a maneira mais eficaz de combater essas restrições é aliar a utilização intensiva dos recursos de tecnologia da informação à difusão do intercâmbio de dados e informações junto a outros órgãos de controle. Os resultados são um maior conhecimento do objeto auditado, um melhor direcionamento para os testes de auditoria, a formulação de achados de auditoria mais robustos, a diminuição do chamado "risco de auditoria",[47] a possibilidade de maiores consequências para as constatações e, acima de tudo, a potencialização da possibilidade de melhorar a sociedade.

Seja avaliando resultados e recomendando melhorias, seja funcionando como elemento de estabilidade e credibilidade, seja coibindo fraudes, o TCU está atuando para aperfeiçoar as instituições em geral e a Administração Pública em particular. Com isso, em última instância, contribui para propiciar maior bem-estar às pessoas.

4 Perspectivas e desafios para o controle da Administração Pública

Olhando em perspectiva, foi notório o desenvolvimento do controle público nas últimas três décadas, desde a promulgação da Constituição Federal de 1988. Mas ainda há muitos desafios pela frente no exercício da atividade de fiscalizar uma Administração Pública condicionada por um ambiente de tamanha complexidade: escassez de recursos; altas demandas de cidadãos por serviços públicos que atendam, com eficiência, a seus direitos fundamentais; necessidade de investimentos

---

[47] Na auditoria clássica, o "risco de auditoria" é o risco de o auditor opinar no sentido de que as contas anuais tomadas em conjunto refletem a imagem fiel da companhia quando, na realidade, elas se encontram com erro significativo ou mesmo o risco inverso: de que o auditor opine pela rejeição dos números apresentados quando, na realidade, eles espelham com fidelidade a situação real da companhia.

em infraestrutura; instabilidades e incertezas dos valores que permeiam uma sociedade altamente plural.

Para fins deste texto, podem-se listar alguns temas que têm trazido perplexidades a todos os atores envolvidos com o controle, sem qualquer pretensão de esgotar a questão, visto que nesse assunto abundam as indagações e escasseiam as respostas.

Uma primeira reflexão diz respeito às mudanças de paradigma que vêm transformando a Administração Pública contemporânea. É impossível negar que, após uma longa tradição "pautada pela dispendiosa contraposição adversarial dos jogos de soma zero", vem ganhando espaço uma "filosofia cooperativa e não adversarial".[48] Referimo-nos ao crescente consensualismo, que vem atribuindo perspectivas mais negociais ao direito administrativo e do qual são sintomas o surgimento e a relevância dos termos de ajustamento de conduta e dos acordos de leniência.

A questão que se coloca é sobre a maneira adequada de se exercer controle sobre atividades essencialmente flexíveis, como os acordos substitutivos,[49] tendo em conta o fato de que qualquer atividade negocial pressupõe maior espaço de liberdade para o agente. Vale dizer, os responsáveis pela negociação devem ter suficiente flexibilidade de atuação para verificar, no caso concreto, qual o resultado mais efetivo e

---

[48] FREITAS, Juarez. Direito administrativo não adversarial: a prioritária solução consensual de conflito. *Revista de Direito Administrativo*, Rio de Janeiro, v. 276, p. 25-46, dez. 2017. ISSN 2238-5177. Disponível em: http://bibliotecadigital.fgv.br/ojs/index.php/rda/article/view/72991/71617. Acesso em: 5 jun. 2018. DOI: http://dx.doi.org/10.12660/rda.v276.2017.72991.

[49] Os acordos substitutivos podem ser caracterizados como "atos administrativos complexos, por meio dos quais a Administração Pública, pautada pelo princípio da consensualidade, flexibiliza sua conduta imperativa e celebra com o administrado um acordo, que tem por objeto substituir, em determinada relação administrativa, uma conduta, primariamente exigível, por outra secundariamente negociável. Por meio desta via negocial, a Administração Pública opta por uma atuação consensual, que lhe é aberta em hipóteses legalmente previstas, de sorte a tutelar, de forma mais eficiente, o interesse público primário que está a seu cargo". Cf. MOREIRA NETO, Diogo de Figueiredo; FREITAS, Rafael Véras de. A juridicidade da Lei Anticorrupção – Reflexões e interpretações prospectivas. *Fórum Administrativo: Direito Público*, 2014.

eficiente dentro daquele contexto, desde que fundamente suas escolhas em bases sólidas, jurídicas e fáticas. Como fiscalizar essa atuação sem inviabilizar a negociação?

Outra indagação, não completamente dissociada da primeira e já externada em outra oportunidade,[50] está relacionada com o advento das auditorias operacionais e do controle da eficiência. Como realizar o controle de resultados e sugerir aprimoramentos nos programas governamentais e nas políticas públicas sem desbordar dos limites que separam controle e gestão, solapando a discricionariedade do gestor e a legitimidade das escolhas administrativas? Sabemos que, enquanto o controle de legalidade possui contornos bem definidos, o controle operacional, típico da administração gerencial, é menos preciso e mais subjetivo.[51] Daí o desafio de os órgãos de controle exercitarem a autocontenção e a deferência às escolhas da Administração e à repartição constitucional de funções.

Outra questão, também candente e não menos importante, envolve consensualismo, combate à corrupção e convivência harmônica entre as diversas instituições: como aperfeiçoar o diálogo institucional entre os órgãos cujas competências se cruzam e se sobrepõem no âmbito do combate à corrupção, notadamente ante a celebração de acordos de leniência? Referimo-nos à complexa distribuição dos papéis a serem exercidos por Tribunal de Contas da União, Ministério Público Federal, Advocacia-Geral da União e Ministério da Transparência e Controladoria-Geral da União (CGU) na investigação e na repressão de irregularidades cometidas contra a Administração Pública. Diante de uma legislação que não é clara e congruente e que não afasta – nem poderia afastar – a

---

[50] DANTAS, Bruno. Desafios para o TCU em 2018. *Migalhas*, 2 jan. 2018. Disponível em: http://www.migalhas.com.br/dePeso/16,MI271730,101048-Desafios+para+o+TCU+em+2018. Acesso em: 1 jun. 2018.

[51] DANTAS, Bruno. Desafios para o TCU em 2018. *Migalhas*, 2 jan. 2018. Disponível em: http://www.migalhas.com.br/dePeso/16,MI271730,101048-Desafios+para+o+TCU+em+2018. Acesso em: 1 jun. 2018.

atuação concomitante das diversas instituições de controle, não há solução possível que não passe pela coordenação e cooperação entre esses órgãos.

Um último desafio relaciona-se à evolução tecnológica que tem permeado e revolucionado não só a Administração Pública, mas toda a sociedade. Diz respeito à avaliação dos riscos e das oportunidades que atingem o controle a partir do advento da era digital. Sem dúvidas, o futuro do controle caminha para a utilização cada vez mais intensiva e massiva de tecnologias de informação e comunicação, para viabilizar maior transparência, induzir o exercício do controle social e incorporar o uso de novas tecnologias.

A adoção de práticas de governo digital contribui para a eficiência da ação administrativa e para a melhoria da interação do cidadão com o Estado, além de tornar disponível uma grande quantidade de dados, propiciando transparência e controle social.[52] Com efeito, espera-se da Administração Pública mais do que a mera disponibilidade de informações em meio digital, mas que seus produtos e serviços sejam gerenciados com ampla transparência e abertura à participação social.[53] Cumpre às instituições de controle acompanhar essa transformação, seja no papel de indutores dessa mudança, seja inovando em métodos e ferramentas de auditoria, seja adequando sua forma de relacionamento com a sociedade às características dessa nova era.

Especificamente nas ações de controle externo, essa nova abordagem requer uso intensivo de técnicas de análise de dados como base para a realização dos trabalhos, influenciando todo o processo de fiscalização: avaliação de risco para

---

[52] OLIVEIRA, Aroldo Cedraz de. Apresentação – O controle da Administração Pública na era digital. *In*: OLIVEIRA, Aroldo Cedraz de (Coord.). *O controle da Administração Pública na era digital*. 2. ed. Belo Horizonte: Fórum, 2017. p. 36.

[53] COSTA, Gledson Pompeu Correa da. Governo digital, controle digital e participação social. *In*: OLIVEIRA, Aroldo Cedraz de (Coord.). *O controle da Administração Pública na era digital*. 2. ed. Belo Horizonte: Fórum, 2017. p. 142.

a seleção de objetos de auditoria; identificação de situações críticas para ação imediata; planejamento das ações com foco em possíveis irregularidades; e produção de relatórios com maior robustez em termos de evidências.[54][55]

Por trás de todos esses desafios, encontra-se a função de exercer, sempre, a atividade fiscalizatória de maneira cada vez mais eficiente, eficaz e efetiva. Cumpre às instituições de controle otimizar a atuação que lhes compete e aprimorar os resultados produzidos, utilizando-se de menor quantidade de insumos. E, sobretudo, desempenhar bem a sua nobre missão de aprimorar a Administração Pública para o benefício das pessoas.

Referências

ABRUCIO, Fernando L.; LOUREIRO, Maria R. Finanças públicas, democracia e accountability: debate teórico e o caso brasileiro. *In*: ARVATE, Paulo R.; BIDERMAN, Ciro. *Economia do setor público no Brasil*. Rio de Janeiro: Elsevier; Campus, 2004. p. 75-102.

AKUTSU, Luiz. Eficiência Pública. *Revista do TCU*, Brasília, n. 139, p. 12-15, 2017.

ALBUQUERQUE, João Henrique Medeiros *et al*. Um estudo sob a óptica da teoria do agenciamento sobre a accountability e a relação Estado-sociedade. *In*: CONGRESSO USP DE CONTROLADORIA E CONTABILIDADE, 7., 2007. São Paulo: USP, 2007.

BRASIL. *Plano diretor da reforma do aparelho do Estado*. Brasília: Presidência da República, Câmara da Reforma do Estado. Ministério da Administração Federal e Reforma do Estado, 1995.

BRASIL. Tribunal de Contas da União. *Fiscobras*: 20 anos. Brasília: TCU; Secretaria-Geral de Controle Externo, 2016.

---

[54] OLIVEIRA, Aroldo Cedraz de. Apresentação – O controle da Administração Pública na era digital. *In*: OLIVEIRA, Aroldo Cedraz de (Coord.). *O controle da Administração Pública na era digital*. 2. ed. Belo Horizonte: Fórum, 2017. p. 26.

[55] Merece registro o fato de que, atualmente, o TCU já utiliza diversas ferramentas automatizadas. O sistema ALICE (Análise de Licitações e Editais), por exemplo, realiza varreduras automatizadas em editais de licitação, em busca de inconsistências nos editais de licitação e nos resultados de atas de pregão eletrônico publicados, diariamente, no Portal de Compras do Governo Federal (Comprasnet). Já o Sofia (Sistema de Orientação sobre Fatos e Indícios para o Auditor) aponta erros nos textos dos auditores, sugere correlações de informações e indica outras fontes de referência úteis.

BRASIL. Tribunal de Contas da União. *Manual de auditoria operacional*. Brasília: TCU; Secretaria de Fiscalização e Avaliação de Programas de Governo, 2010.

BRASIL. Tribunal de Contas da União. *Referencial para Avaliação da Governança do Centro de Governo*. Brasília: TCU, 2016.

BUGARIN, Bento José. O controle externo no Brasil: evolução, características e perspectivas. *Revista do TCU*, n. 86, p. 338-352, 2000.

BUGARIN, Paulo Soares. *O princípio constitucional da economicidade na jurisprudência do Tribunal de Contas da União*. Belo Horizonte: Fórum, 2004.

CASTRO, José Ricardo Parreira de. *Ativismo de contas* – Controle das políticas públicas pelos Tribunais de Contas. Rio de Janeiro: Jam Jurídica, 2015.

CEDRAZ, Aroldo; DUTRA, Tiago Alves de Gouveia Lins. Credibilidade dos governos, papel das EFS e boas práticas internacionais de auditoria financeira. *Revista do TCU*, n. 129, p. 38-49, 2014.

CITADINI, Antônio Roque. *O controle externo da Administração Pública*. São Paulo: Max Limonad, 1995.

COSTA, Gledson Pompeu Correa da. Governo digital, controle digital e participação social. *In*: OLIVEIRA, Aroldo Cedraz de (Coord.). *O controle da Administração Pública na era digital*. 2. ed. Belo Horizonte: Fórum, 2017.

COUTINHO, Maria do Amparo; GOMES, Marcelo Barros; WANDERLEY, Maurício Albuquerque. 10 anos de controle externo da regulação de serviços públicos. *In*: BRASIL. Tribunal de Contas da União. *Regulação de serviços públicos e controle externo*. Brasília: TCU; Secretaria de Fiscalização de Desestatização, 2008.

DANTAS, Bruno. Desafios para o TCU em 2018. *Migalhas*, 2 jan. 2018. Disponível em: http://www.migalhas.com.br/dePeso/16,MI271730,101048-Desafios+para+o+TCU+em+2018. Acesso em: 1 jun. 2018.

DANTAS, Bruno; DIAS, Frederico. O TCU está para a Lei de Responsabilidade Fiscal assim como o STF está para a Constituição Federal. *In*: COELHO, Marcus V. F.; ALLEMAND, Luiz C.; ABRAHAM, Marcus. *Responsabilidade Fiscal*: análise da Lei Complementar nº 101/2000. Brasília: OAB – Conselho Federal, 2016.

DUTRA, Tiago Alves de Gouveia Lins; CHAMPOMIER, Jean-Michel. A função de auditoria financeira em Tribunais de Contas: as perspectivas do TCU e a experiência da Corte de Contas da França. *Revista do TCU*, n. 130, p. 70-81, 2014.

FREITAS, Juarez. Direito administrativo não adversarial: a prioritária solução consensual de conflito. *Revista de Direito Administrativo*, Rio de Janeiro, v. 276, p. 25-46, dez. 2017. ISSN 2238-5177. Disponível em: http://bibliotecadigital.fgv.br/ojs/index.php/rda/article/view/72991/71617. Acesso em: 5 jun. 2018. DOI: http://dx.doi.org/10.12660/rda.v276.2017.72991.

FURTADO, Lucas Rocha. *Brasil e corrupção*: análise de casos (inclusive a Lava Jato). Belo Horizonte: Fórum, 2018.

GOTO, Reynaldo. O combate à corrupção sob a ótica dos objetivos de desenvolvimento sustentável. *In*: PAULA, Marco Aurélio Borges de; CASTRO, Rodrigo Pironti Aguirre de (Coord.). *Compliance, gestão de riscos e combate à corrupção*: integridade para o desenvolvimento. Belo Horizonte: Fórum, 2018. p. 45-51.

MADISON, James. *Os artigos federalistas*: 1787-1788. Rio de Janeiro: Nova Fronteira, 1993.

MENDES, Marcos. *Por que o Brasil cresce pouco?*: desigualdade, democracia e baixo crescimento no país do futuro. Rio de Janeiro: Elsevier Brasil, 2017.

MILESKI, Helio Saul. *O controle da gestão pública*. São Paulo: Revista dos Tribunais, 2003.

MOREIRA NETO, Diogo de Figueiredo; FREITAS, Rafael Véras de. A juridicidade da Lei Anticorrupção – Reflexões e interpretações prospectivas. *Fórum Administrativo: Direito Público*, 2014.

NAKAGAWA, Masayuki; RELVAS, Tânia Regina Sordi; DIAS FILHO, José Maria. Accountability: a razão de ser da contabilidade. *Revista de Educação e Pesquisa em Contabilidade – REPEC*, Brasília, v. 1, n. 3, p. 83-100, set./dez. 2007.

NARDES, João Augusto Ribeiro. O controle externo como indutor da governança em prol do desenvolvimento. *Revista do Tribunal de Contas da União*, Brasília, ano 45, n. 127, p. 16-19, maio/ago. 2013.

NÓBREGA, Marcos. Orçamento, eficiência e performance budget. *In*: CONTI, José Maurício; SCAFF, Fernando Facury (Coord.). *Orçamentos públicos e direito financeiro*. São Paulo: Revista dos Tribunais, 2011.

OLIVEIRA, Aroldo Cedraz de. Apresentação – O controle da Administração Pública na era digital. *In*: OLIVEIRA, Aroldo Cedraz de (Coord.). *O controle da Administração Pública na era digital*. 2. ed. Belo Horizonte: Fórum, 2017.

OLIVEIRA, Regis Fernandes de. *Curso de direito financeiro*. 6. ed. São Paulo: Revista dos Tribunais, 2014.

PAULA, Marco Aurélio Borges de. Efeitos da corrupção para o desenvolvimento. *In*: PAULA, Marco Aurélio Borges de; CASTRO, Rodrigo Pironti Aguirre de (Coord.). *Compliance, gestão de riscos e combate à corrupção*: integridade para o desenvolvimento. Belo Horizonte: Fórum, 2018. p. 21-44.

PIKETTY, Thomas. *O capital no século XXI*. 1. ed. Rio de Janeiro: Intrínseca, 2014.

SACRAMENTO, Ana R. S. Contribuições da Lei de Responsabilidade Fiscal para o avanço da accountability no Brasil. *Cadernos Gestão Pública e Cidadania/CEAPG*, São Paulo, v. 10, n. 47, p. 20-47, 2005.

SEMINÁRIO INTERNACIONAL: DEBATES E TRABALHOS APRESENTADOS EM BRASÍLIA. Setembro de 2001. Quem controla as agências reguladoras de serviço público? Brasília: IHB, 2003. 400p.

SILVA, José Afonso da. *Curso de direito constitucional positivo*. 33. ed. São Paulo: Malheiros, 2010.

TORRES, Ricardo Lobo. A legitimidade democrática e o Tribunal de Contas. *Revista de Direito Administrativo*, v. 194, p. 31-45, 1993.

WILLEMAN, Marianna M. *Accountability democrática e o desenho institucional dos Tribunais de Contas no Brasil*. Belo Horizonte: Fórum, 2017.

Informação bibliográfica deste texto, conforme a NBR 6023:2018 da Associação Brasileira de Normas Técnicas (ABNT):

DANTAS, Bruno; DIAS, Frederico. Análise crítica da transformação do controle externo a cargo do TCU: o paradigma constitucional de 1988. In: DANTAS, Bruno. *Consensualismo na Administração Pública e regulação*: reflexões para um Direito Administrativo do século XXI Belo Horizonte: Fórum, 2023. p. 19-47. ISBN 978-65-5518-595-9.

CONSENSUALISMO, EFICIÊNCIA E PLURALISMO ADMINISTRATIVO: UM ESTUDO SOBRE A ADOÇÃO DA MEDIAÇÃO PELO TCU

BRUNO DANTAS

1 Introdução

Colhendo as lições que as transformações do direito no fim do século passado deixavam aos juristas dos mais diversos cantos do mundo, Roger Perrot (1998, p. 161-162), ao diagnosticar a situação vivenciada na França, anotava: "Neste fim de século XX, o jurisdicionado aspira a uma Justiça mais simples, menos solene, mais próxima de suas preocupações cotidianas, aquela que numa palavra se denomina 'Justiça de Proximidade'".

Realmente, desde o fim do século passado, não só o Brasil, mas o sistema jurisdicional de inúmeros países embarcou em um movimento de redimensionamento de sua estrutura de resolução de conflitos que vem, com cada vez mais força, priorizando uma filosofia de desapego à rigidez procedimental e de rompimento com a verticalidade que há muito caracterizou a relação entre Estado-Juiz e jurisdicionado (GAJARDONI, 2007).

Os ventos da *justiça da proximidade* foram tão férteis que não se detiveram apenas sobre a estrutura judiciária e alcançaram também a Administração Pública, abalando dogmas que, por séculos, sua teoria geral manteve incólume.

É certo, como anota Jaques Chevallier (1993, p. 17), que o êxito do direito administrativo, a continuidade de suas teorias centrais e, inclusive, a supremacia de que gozou por muito tempo em relação a outros ramos do direito se devem à estabilidade de seu tecido conceitual, elaborado com notável coesão e coerência pelo coro de duas vozes – doutrina francesa e Conselho de Estado –, o que acabou fazendo dele um núcleo duro e quase inabalável do direito público capaz de opor resistência às históricas intempéries políticas e econômicas que costumam desmantelar as leis.

No entanto, os dilemas próprios do século XXI também têm sua força e foram capazes de provocar a revisão de alguns aspectos desse núcleo conceitual, permitindo o florescer de novas fórmulas e ideias. Uma delas é a transação no Poder Público, que atinge antigas certezas acerca da supremacia e da indisponibilidade do interesse público.

Neste trabalho, o que se busca é demonstrar o aporte teórico necessário para a implementação de um centro de mediação no Tribunal de Contas da União (TCU). Para tanto, servimo-nos de pesquisa bibliográfica e documental, tanto nacional quanto estrangeira, realizando, sobretudo, um cotejo entre a doutrina francesa e a brasileira acerca do tema.

Com a finalidade de cumprir a tarefa a que nos propomos, dividimos o trabalho em quatro etapas: uma primeira, destinada a abordar a origem e as razões que levaram ao desenvolvimento, na França, das ideias responsáveis pelo rompimento com a verticalidade característica do direito administrativo clássico; uma segunda, na qual passamos a demonstrar como esse fenômeno foi recepcionado no Brasil e a sua importância para a realização da eficiência e do pluralismo administrativo;

uma terceira, na qual são feitas reflexões acerca da compatibilidade do consensualismo com o princípio da indisponibilidade do interesse público; e, por fim, uma quarta, que se destina a demonstrar a utilidade e importância de se implementar um centro de mediação no Tribunal de Contas da União, oportunidade em que é sugerido o procedimento que poderia ser adotado para a condução das transações.

2 Da atividade imperativa unilateral à cultura do diálogo: a metamorfose administrativa impulsionada pelo desenvolvimento da governança pública

O final do século passado foi responsável por demarcar o início de uma grande mudança na arquitetura do Estado contemporâneo. Nesse contexto de transformação, credita-se certa proeminência à França pelo desenvolvimento das bases do modelo de Administração que passou a ser adotado em inúmeros países.[56] E isso com muita razão: foi ali que uma das mais importantes ideias de gestão do setor privado teria sido aperfeiçoada e adaptada à Administração Pública: a governança pública (*Gouvernance publique*).

A ideia de governança, que vinha sendo trabalhada na Escola de Chicago por estudiosos como Ronald Coase, encontrou na França terreno fértil. Isso se deve ao fato de que a estrutura administrativa daquele país, na segunda metade do século passado, já conhecia os problemas da burocracia pública que o Brasil iria criticar fortemente na virada do século.

A inefetividade era um problema que precisava ser combatido, e, embora houvesse certo ceticismo por parte dos

---

[56] A administração da Justiça, é importante destacar, foi tanto influenciada pela ideologia gerencial (*gouvernance*) que emergiu na França na segunda metade do século passado, e amplamente difundida pela doutrina administrativa (CADIET, 2008, p. 133-150), como pelos notáveis trabalhos da Comissão Florença, capitaneada por Mauro Cappelleti e Bryant Garth, esses bastante difundidos no Brasil pela doutrina processual (CAPPELLETTI; GARTH, 1988).

legalistas na superação dessa crise pelo uso de ferramentas da análise econômica, uma série de estudos favoreceu o movimento (CAILLOSSE, 2003, p. 122).

Em uma mesma solução foram colocadas teorias das ciências econômicas e da gestão pública e estas foram aplicadas ao contexto jurídico francês, no que Chevallier (1993, p. 30) chamou de "encontro da crítica gerencial com os desafios liberais no direito administrativo". A crítica gerencial parte da premissa de que haveria uma contradição entre o direito administrativo e o princípio da eficiência, visto que o direito administrativo constituiria uma "estrutura rígida, uma camisa de força real, que é um obstáculo à ação, um obstáculo à mudança", não havendo que se falar em eficiência sem que houvesse um afrouxamento das restrições que esse direito impunha.

Sobre esse ponto, arremata Chevallier:

> A extensão gradual à Administração de uma racionalidade do tipo gerencial, onde a eficiência tem precedência sobre todas as outras considerações, leva ao questionamento da racionalidade jurídica sobre a qual aquela foi construída: a gestão pressupõe uma ruptura radical com os pressupostos que fundaram o modelo clássico de Administração.
> O protesto neoliberal, por sua vez, se resigna contra o fato de que o direito administrativo seja, em essência, "um direito de desigualdade e privilégio: marcado irreversivelmente com o selo da unilateralidade, seria o instrumento para a administração da sociedade pelo Estado; esse modelo estatal de regulação social, a herança de uma 'cultura política ultrapassada', seria obsoleta". (CHEVALLIER, 1993, p. 30; 32) (Tradução nossa)

É nesse contexto que direito e gestão, assevera Caillosse (2003, p. 123), começam a trabalhar em interação em favor da mesma causa.

A partir dali, a ideia de governança pública se torna um poderoso mecanismo de reforma. Levando na frente o estandarte da modernidade e da eficiência, inspira a crença na necessidade de se promoverem, em todos os níveis e em organizações sociais de todos os tipos, novos métodos de tomada de decisão e de ação. Confluíam para esse novo olhar outras fórmulas que mostravam êxito na experiência internacional: a governança corporativa (*corporate governance*), da qual se extraíam princípios modernos de interação entre acionistas e diretores; a boa administração (*good governance*), pela qual se introduziam diretivas de reforma propostas pelas instituições financeiras internacionais para os países em desenvolvimento; e a governança global (*global governance*), que definia novos modos de regulação e integração com a sociedade internacional (CHEVALLIER, 2003, p. 203-217).

Apesar da diversidade, todas essas iniciativas são conjugadas entre si, traduzindo, como anota Chevallier (2003, p. 206), uma verdadeira ideologia gerencial que se pautou, entre outras, nas seguintes diretrizes: (i) resolução de conflitos e erradicação de antagonismos irredutíveis; (ii) rompimento com a lógica do poder, pois as escolhas coletivas passam a não ser mais uma questão só de política, mas de técnica; (iii) mitigação da supremacia unilateral do Estado, que seria apenas mais um ator entre tantos outros envolvidos e capazes de tomar parte nas soluções; e (iv) possibilidade de acordar certas regras do jogo.

Com efeito, a perspectiva gerencial da governança pública propõe um afastamento da noção hobbesiana e tradicional de Estado (VILLEY, 2005, p. 713), cuja concepção de poder se vê marcada pelo selo da assimetria, desigualdade e unilateralidade. O próprio termo *governança*, ao invés de *governo* ou *política*, foi empregado pelos franceses para que não se lhe fossem atribuídas as conotações negativas que há muito se associam aos últimos (CHEVALLIER, 2003, p. 204).

As técnicas de gestão caracterizadas pela imposição unilateral da dominação, e agasalhadas sob a vagueza do *interesse público*, já não correspondiam mais à forma como as sociedades contemporâneas mantêm o seu equilíbrio. Com a globalização, o mundo assiste à descentralização e à fragmentação do poder, naquilo que Manuel Castells (2002, p. 427) sintetiza sob a lógica difusa da sociedade em rede, e reformar a estrutura administrativa estatal sem pretender modificar a ideologia subjacente, sem compatibilizar o exercício do poder à sua própria realidade difusa de hoje, seria desrespeitar a clássica lição weberiana acerca da legitimação do poder: para que este se transforme em autoridade é indispensável contar com a adesão daqueles sobre os quais recairá (WEBER, 1979, p. 124-141).

Rompendo com esses paradigmas, que por todos os lados eram atingidos e percebidos obsoletos, a governança pública endereça duas importantes inflexões.

Por um lado, toma-se consciência de que o Estado não atua mais isoladamente na sociedade. O Estado não é o único a bordo, tampouco o único capaz de propor as melhores soluções. Não governa sozinho e não deve prestigiar seu interesse institucional em detrimento do interesse da população. Múltiplos são os atores envolvidos nos processos de tomada de decisão. Nessa conjuntura, a governança implica um deslocamento das linhas divisórias que separavam o direito público do privado, e também entre as diferentes esferas de atuação (internacional, regional, nacional e local). Caem os muros legais por trás dos quais a administração tradicional poderia afirmar suas diferenças (CAILLOSSE, 2003, p. 127).[57]

---

[57] Do original francês: "Mais c'est surtout à l'intérieur même de ces dernières que la modernisation produit ses effets les plus visibles, en déplaçant les lignes du partage entre le droit privé et le droit public. S'employant à repenser l'action publique du point de vue de l'économie de marché où elle s'inscrit, elle l'incite ou, le cas échéant, l'oblige à emprunter les voies du droit commun. C'est ainsi que les vieilles barrières juridiques à l'abri desquelles l'administration classique avait pu affirmer ses différences et se soustraire à l'application du droit de la concurrence sont en train de craquer les unes après les autres".

Por outro lado, dessa nova lógica gerencial decorre que as soluções consensuais serão sistematicamente preferidas às fórmulas unilaterais: as escolhas devem ser resultado de negociações e compromissos, levando em consideração os pontos de vistas das partes envolvidas. O Estado aceita discutir em pé de igualdade com os demais atores no âmbito das decisões coletivas. Como assevera Caillosse (2003, p. 127), a *ação contratual* torna-se uma das mais marcantes características dessa modernização institucional, constituindo-se como um verdadeiro princípio de regulamentação administrativa.

A governança pública é, portanto, uma abordagem plural e interativa de ação coletiva. Significa, em síntese, que nenhum ator pode controlar sozinho os processos de tomada de decisão, nem mesmo o Estado. Tendo em vista a complexidade dos problemas e a existência de múltiplos poderes, múltiplos atores, trata-se de coordenar sua ação e obter sua cooperação, reduzindo a unilateralidade para estimular a cultura do diálogo.

Philip Schmitter, citado por Jacques Chevallier, fornece um conceito preciso para a expressão:

> Governança é um método ou mecanismo para regular uma ampla gama de problemas ou conflitos, pelos quais os atores chegam regularmente a decisões mutuamente satisfatórias ou vinculativas, por meio de negociação e cooperação", sendo caracterizada por "formas horizontais de interação" entre atores que têm interesses contraditórios, mas que são suficientemente independentes um do outro que nenhum deles pode impor uma solução por si só, sendo suficientemente interdependente para que "todos eles" percam se nenhuma solução for encontrada. (SCHMITTER, 2000, p. 5 *apud* CHEVALLIER, 2003, p. 207) (Tradução nossa)

Como destaca Chevallier (2003, p. 207), a promoção de técnicas de governança pode realmente ser considerada como um sinal de um declínio irreversível na própria forma do Estado ou como marco de um ajuste nos modos de ação para um novo contexto social.

Deveras, o desafio atual não é tanto o de justificar um modelo de Estado cooperativo e horizontal, mas o de criá-lo. Não se trata mais de uma questão filosófica, da qual por considerável tempo, e com razão, se ocuparam os franceses, mas de uma questão de efetivação. É nesse cenário que se encontra o Brasil, cuja gestão administrativa vem abraçando o consensualismo, mais ciosa que está do equilíbrio necessário entre interesses dos particulares e interesse da coisa pública como forma de boa governança.

3 Fundamentos teóricos do consensualismo e a inserção da mediação na Administração Pública: promovendo eficiência e pluralismo administrativo

Dentro de um conjunto de mutações mais amplas e diversas que afetam as formas tradicionais do exercício de autoridade nas organizações do mundo atual, sobre as quais há farta literatura científica de inúmeros ramos da epistemologia, a ideia de governança pública foi responsável direta por parte considerável das sementes que levaram ao florescimento, no Brasil, da filosofia do consensualismo na Administração Pública.

A *Administração Pública consensual* é resultado desse movimento de modernização da gestão administrativa que rompe com um esquema que se alicerçava na imperatividade unilateral dos atos administrativos para contemplar um modelo pautado no diálogo, negociação, cooperação e coordenação, que não deixa, por isso, de seguir a lógica da autoridade, mas passa a ser matizada, porém, pela lógica do consenso (DI SALVO, 2018, p. 36).

Como o direito processual civil clássico, o direito administrativo foi forjado sob as bases do liberalismo que regia o modelo estatal do século XIX. Naturalmente, a noção de imperatividade do Estado (cuja abstenção na economia em nada diminuía o teor vertical de seu poder) conformou os principais institutos e categorias do direito administrativo, resultando daí o tradicional comportamento estatal manifestado por meio de atos administrativos cujos atributos compreendem uma noção de autoridade que prestigia a unilateralidade e a assimetria entre Administração e administrados (OLIVEIRA; SCHWANKA, 2008, p. 38).

É em sentido diametralmente oposto a esse modelo que surge o consensualismo, por sua vez designando o "emprego em larga escala de métodos e técnicas negociais ou contratualizadas no campo das atividades perpetradas pelos órgãos e entidades públicas" (OLIVEIRA; SCHWANKA, 2008, p. 19). Imbuída de uma tônica semelhante àquela que vem sendo empregada no âmbito jurisdicional (GRINOVER; WATANABE; LAGRASTA NETO, 2008), a condução da ação pública por meio de técnicas consensuais deve ser visualizada não como mera solução alternativa, como se decorresse apenas de uma necessidade circunstancial imperiosa, mas como uma *solução preferencial*, que opera a administração da justiça sob a dupla dimensão de uma *boa administração*: a dimensão econômica, para a eficiência, e a dimensão social, para a equidade (DI SALVO, 2018, p. 38).

A boa administração da justiça, destaca Di Salvo (2018, p. 38-39): "[...] não impõe um dever-ser que cede às pressões de resultados quantitativos, aliás, a boa administração da justiça concentra-se sobretudo nos meios de distribuição da justiça e na obtenção de resultado segundo um parâmetro de qualidade".

Isso se traduz na reprovação à garantia de eficiência a qualquer custo, à revelia da participação do administrado, quando se mostra razoável inseri-lo no processo decisório: a aspiração não é só por resultados quantitativos, mas também qualitativos. Há que se buscar uma efetiva inclusão, tanto porque se lhe exige a democracia administrativa, quanto porque, se o poder, de fato, acha-se difuso em redes, a participação colaborativa no processo decisório clareia o caminho para que o titular da palavra final possa optar pela melhor (e, portanto, mais eficiente) solução.

É importante destacar que o conceito de democracia administrativa está relacionado ao de pluralismo administrativo. Compreende a percepção de que a legitimação democrática do exercício do poder estatal não se conforma tão só pela qualidade das leis e pela subordinação da atuação administrativa a elas. É necessário que concorra, para essa legitimação, a inclusão participativa do administrado. Destaca Di Salvo (2018, p. 27) que "a representatividade do administrado sobre a atuação administrativa é o que passa a dar nova tônica à democracia administrativa, que se vincula à democracia participativa". Ideia semelhante foi incorporada ao direito processual civil através do conceito de contraditório participativo, que, por sua vez, confere às partes maior representatividade no curso do processo civil, devendo ser consideradas de forma efetiva e incluídas no processo de construção da decisão judicial (CARNEIRO, 2015, p. 58).

Por isso que a doutrina francesa vem aludindo à importância da contratualização da ação pública, que é uma decorrência direta da modernização institucional da Administração Pública. Jean-Pierre Gaudin (1999, p. 28-29 *apud* OLIVEIRA; SCHWANKA, 2008, p. 20) aponta que na França esse fenômeno, que se imbrica com a descentralização, possui um enfoque de dupla renovação: (i) formas de participação e consulta pública e (ii) formas de coordenação entre instituições e atores sociais que participam da ação pública.

Essa política de contratualização compreende uma série de procedimentos de ação pública que implicam uma negociação explícita de objetivos, compromissos em projetos conjuntos e cooperação financeira dentro de um cronograma preciso entre atores públicos e privados, o que, em última análise, são menos obrigações legais do que compromissos políticos (GAUDIN, 2007, p. 20). Daí porque a expressão "governar por contratos" (*gouverner par contrat*), no Brasil recebida pela ideia de *Administração consensual*, por sua vez, sinaliza a opção por uma forma de gestão administrativa que abdica da unilateralidade para valorizar o acordo, a negociação, a coordenação, a colaboração, a transação.

É nesse sentido a irretocável síntese feita por Odete Medauar (2003, p. 211):

> A atividade de consenso-negociação entre Poder Público e particulares, mesmo informal, passa a assumir papel importante no processo de identificação de interesses públicos e privados, tutelados pela Administração. Esta não mais detém exclusividade no estabelecimento do interesse público; a discricionariedade se reduz, atenua-se a prática de imposição unilateral e autoritária de decisões. A Administração volta-se para a coletividade, passando a conhecer melhor os problemas e aspirações da sociedade. A Administração passa a ter a atividade de mediação para dirimir e compor conflitos de interesse entre várias partes ou entre estas e a Administração. Daí decorre um novo modo de agir, não mais centrado sobre o ato como instrumento exclusivo de definição e atendimento do interesse público, mas como atividade aberta à colaboração dos indivíduos. Passa a ter relevo o momento do consenso e da participação.

Toda essa conjuntura é que viabiliza a mediação como método de resolução de controvérsias na Administração Pública. Resultado da propagação do ideal democrático para além das fronteiras do campo político, a mediação tem por principal função compor conflitos e concertar interesses estatais e privados, incluindo o administrado no processo de *densificação do interesse público*, que não é monopólio estatal. O interesse público não se confunde com o mero interesse da Administração. Já faz algum tempo, assevera Dallari (2002, p.

16), que "o particular está deixando de ser considerado um adversário da Administração Pública, para transformar-se em agente de realização de interesses públicos".

A mediação é, portanto, ferramenta adequada para concretizar a eficiência administrativa, seja porque cria uma via menos onerosa, mais célere e mais versátil para a composição do conflito ou para a administração dos interesses, seja porque concorre para a legitimação do processo decisório mediante a promoção do pluralismo administrativo, revelando-se, assim, imprescindível para dar concretude ao consensualismo.

Antes, porém, de discorrer sobre a implementação da mediação no TCU, convém tecer considerações sobre a compatibilidade da transação com a Administração Pública.

4 Transação no Poder Público *v.* indisponibilidade do interesse público

Ao escrever sobre os desafios da modernização da gestão pública na França, após a década de 1960, Jacques Chevallier (1993, p. 17) anotou que o principal obstáculo à implementação de um modelo eficiente naquele país consistia no próprio direito administrativo, que constituía uma "estrutura rígida, uma camisa de força real, que é um obstáculo à ação, um obstáculo à mudança". Isso se devia à própria base dogmática do direito administrativo, que aliava a imperatividade e a indisponibilidade como marcas indeléveis da atuação do Estado. Daí porque arremata o professor: "a gestão pressupõe uma ruptura radical com os pressupostos que fundaram o modelo clássico de Administração" (CHEVALLIER, 1993, p. 17).[58]

---

[58] Do original francês: "Plus le genre, la continuité du droit administratif se manifeste par la stabilisation de son cadre conceptue: forgées de manière progressive, par le choeur à deux voix de la jurisprudence et de la doctrine, les grandes notions sur il il reste se smal amalgamées les un autos aux, en formant un tissu conceptuel remarquablement cohé-rent et homogène; et ce tissu a résisté aux transformations pourtant trois partisans qui ont affecté

De fato, embora há quase duas décadas já se escreva sobre o tema no Brasil, só mais recentemente é que se nota um engajamento mais frutífero pela Administração na implementação de técnicas consensuais. Isso porque, entre outros fatores, pelo menos em um primeiro momento, uma parcela mais cética de estudiosos resistiu apontando que a transação seria incompatível com o princípio da indisponibilidade do interesse público, não estando o gestor autorizado a dispor acerca de um interesse que não lhe pertenceria.

Isso é uma meia-verdade. De fato, tem razão a crítica quanto à impossibilidade de o gestor, em seu próprio interesse, vir a dispor sobre o interesse público. Óbice também não há quanto à transação pelo poder público quando o interesse nela corresponde ao interesse institucional da Administração positivado em lei (*v.g.*, acordo em sede judicial firmado pela procuradoria de um município). Situação diversa, porém, é a da transação quando inexistente essa autorização legal. Poderia, nesse caso, o gestor transigir?

Não assiste razão à resposta negativa geral a essa questão, uma vez que, ao invocar o princípio da indisponibilidade do interesse público como óbice à transação, o intérprete faz uma leitura desatualizada e assistemática do conjunto de normas que regem, atualmente, o direito administrativo: desconsidera que o interesse público é bem mais amplo que o mero interesse da Administração ou da Fazenda Pública, bem como que o princípio da eficiência pode admitir a transação em preferência à solução unilateral.

A perquirição do conteúdo do interesse público nos leva à clássica definição de Celso Antônio Bandeira de Melo (2009), formulada a partir das lições colhidas na obra de Alessi, que o divide em interesse público primário e secundário,

---

la place de l'administration dans la société. Tous ces traits expliquent que la suprématie du droit administratif sur le droit constitutionnel n'ait pas été réellement contestée"

identificando-se o primeiro com o interesse social, o interesse da sociedade ou da comunidade, e o último com o interesse tão só do aparelho estatal como uma entidade personalizada. O interesse público a ser confrontado pela hipótese não pode ignorar a dupla acepção de sua natureza. Assim, a indisponibilidade do interesse público não pode vedar a renúncia a determinadas posições jurídicas, nem o reconhecimento de direitos legítimos ou trocas bilaterais entre Administração e administrado quando estas se revelarem desejáveis ao interesse público primário. A sociedade tem interesse legítimo no atendimento a suas demandas com a celeridade, economia e qualidade que, em alguns casos, podem ser atingidas por meio de acordos. Transigir, em muitas hipóteses, não significa abrir mão do interesse público, mas atingi-lo de forma mais expedita (DALLARI, 2002, p. 24).

Sob a perspectiva da eficiência, a consensualidade é, também, em diversas situações, preferível. A Administração Pública tem um caráter instrumental, e desde a virada do século o ideal administrativo a que se aspira é o desapego ao formalismo estéril para a adoção de um modelo que olha menos para o procedimento e mais para os resultados. É preciso, nas precisas lições de Dallari (2002, p. 23), "superar concepções puramente burocráticas ou meramente formalísticas, dando-se maior ênfase ao exame da legitimidade, da economicidade e da razoabilidade, em benefício da eficiência".

A transação é meio para a consecução de um fim pretendido pela Administração. Se esse fim puder ser atingido por uma via mais célere, menos traumática e menos desgastante que a via tradicional, o interesse público em sua dupla dimensão estará satisfeito.

Daí concluir-se que o consensualismo é compatível com a indisponibilidade do interesse público e com a eficiência administrativa, afinal, a transação, se bem manejada, não é senão uma via expedita para a materialização do interesse público, ao proporcionar economia de tempo e recursos, além de viabilizar uma concertação de interesses legítimos, evitando os efeitos negativos que podem advir de uma solução adjudicada e unilateral.

5 Sobre a implementação da mediação no Tribunal de Contas da União: *fast-track* para a homologação de reequilíbrios em contratos de infraestrutura

O direito está em constante evolução. Como Jhering (2006, p. 1) gravou no tempo, "o direito não é uma simples ideia, mas uma força viva", devendo mudar para acompanhar o estágio das relações sociais, e isso não poderia ser diferente no âmbito da Administração Pública. A mudança de orientação quanto à função administrativa deve ser acompanhada de equivalentes e necessárias adaptações nos seus meios e modos de controle.

Dentro do cenário de crescente pluralismo administrativo, um setor de ampla relevância é o da infraestrutura. As concessões são permeadas por uma pluralidade de interesses, convergindo, nelas, interesses do setor público, do setor privado e dos próprios usuários do serviço concedido, o que as faz um campo fértil para a implementação de fórmulas consensuais. Já é hora, porém, de tais fórmulas não se limitarem à mera elaboração das cláusulas contratuais, alcançando também a própria modelagem de um procedimento fiscalizatório que prestigie a cooperação em vez da unilateralidade, buscando-se inserir as instâncias controladoras no processo de confecção do contrato. A ideia é adquirir, com essa modelagem, mais segurança jurídica nas contratações públicas.

Sabe-se que há críticas quanto ao ritmo das agências reguladoras e do TCU na análise e no julgamento dos processos de concessão. Não nos deteremos sobre as razões dessa insatisfação. O que salta aos olhos, contudo, é que a as vicissitudes do procedimento legal têm há algum tempo gerado dificuldades para o gestor público na assinatura de aditivos de reequilíbrios econômico-financeiros nos contratos entre a Administração e suas concessionárias.

Isso se deve ao fato de que, atualmente, acaba sendo muito longo o lapso temporal entre o momento em que se exige do gestor uma tomada de decisão quanto ao contrato de concessão e aquele em que a agência ou a Corte de Contas chega a efetivamente a auditar as cláusulas contratuais pactuadas. Não raro, quando da fiscalização, anos depois, são constatadas irregularidades e aplicadas as respectivas sanções cabíveis. Desse cenário, inevitavelmente, decorre a insegurança que provoca o temor do gestor em agir.

Como temos sustentado, a hipertrofia do controle gera a infantilização da gestão pública, despertando nos gestores temor semelhante ao de crianças inseguras educadas por pais opressores. Em geral, agências reguladoras e gestores públicos têm evitado tomar decisões inovadoras por receio de seus atos serem questionados, tornando o processo moroso. Ou pior: deixam de decidir questões simples à espera de aval prévio do TCU.[59]

O que a experiência do TCU tem revelado é que se os reequilíbrios econômico-financeiros nos contratos de infraestrutura não forem homologados imediatamente, o contrato acaba se tornando um cadáver insepulto a assombrar dirigentes de agências e gestores públicos. Daí por que necessário um procedimento mais expedito para a homologação desses aditivos, o que vai ao encontro do pluralismo e da eficiência administrativa, além da segurança jurídica.

---

[59] Disponível em: https://oglobo.globo.com/opiniao/o-risco-de-infantilizar-gestao-publica-22258401. Acesso em: 14 jun. 2020.

5.1 Desenho procedimental para a mediação no Tribunal de Contas da União

Considerando todo o aporte teórico até aqui exposto, bem como a já existência de autorização legal no art. 32, §5º, da Lei nº 13.140/2015 (Lei de Mediação), que passou a admitir a mediação pelo Poder Público para "a resolução de conflitos que envolvam equilíbrio econômico-financeiro de contratos celebrados pela administração com particulares",[60] buscaremos, adiante, delinear um esquema procedimental que poderia ser adotado, *lege ferenda*,[61] para a implementação de uma câmara de mediação no âmbito do TCU destinada à rápida homologação de reequilíbrios nos projetos de infraestrutura.

O objetivo de uma câmara de mediação no TCU seria buscar encurtar a distância entre a pactuação e o controle, o hiato entre o gestor e o auditor, viabilizando um ajuste técnico e cooperativo na metodologia do contrato desde o seu início e a fixação de protocolos, procedimentos e critérios objetivos de uma maneira mais célere, o que já sinaliza a visão do Tribunal em uma costura contratual da qual se obtém segurança jurídica. A ideia vai ao encontro do art. 13, §1º, do Decreto nº 9.830/2019, que regulamentou as recentes alterações feitas na Lei de Introdução às Normas do Direito Brasileiro (LINDB) pela Lei nº 13.655/18, estabelecendo que "a atuação de órgãos de controle privilegiará ações de prevenção antes de processos sancionadores".

O TCU tem se esforçado em realizar auditorias operacionais que identificam fragilidades, riscos e oportunidades de aperfeiçoamento na gestão governamental quanto à eficiência, e é comum que especialistas – como são os auditores – tenham concepções e fórmulas até mais inteligentes para eventuais

---

[60] Destaque-se, além disso, que autorização semelhante é também admitida pelo art. 11, inc. III, da Lei nº 11.079/2014 (Lei das Parcerias Público-Privadas), assim como pelo art. 23-A da Lei nº 8.987/1995.

[61] A expressão, registrada em latim, significa "lei a ser criada" (tradução nossa).

problemas identificados. A proposta, com a mediação, evidentemente, não é substituir o gestor, mas aproximá-lo do auditor para, trabalhando juntos desde o início, chegarem às soluções mais eficientes e seguras.

Apesar do foco deste trabalho na utilização da mediação para a realização de reequilíbrios em contratos de concessão, a câmara, naturalmente, estaria habilitada a sediar transações em outros tipos de controvérsias entre o Poder Público e particulares.

A seguir, passamos a delinear o procedimento que reputamos adequado para a condução das negociações, que deverá envolver um esforço conjunto entre o Tribunal de Contas da União, a agência reguladora do respectivo setor, o poder concedente e os particulares envolvidos:

I) A mediação deverá ser iniciada exclusivamente por solicitação da agência reguladora ou do poder concedente dirigida ao Tribunal de Contas da União.

II) O mediador conduzirá o procedimento de comunicação entre as partes, buscando o entendimento e o consenso e facilitando a resolução do conflito, tendo papel ativo na negociação do acordo e mantendo a interação com o relator e com as secretarias especializadas do Tribunal de Contas da União, com vistas a permitir que o acordo tenha tanto quanto possível aderência com parâmetros decisórios admitidos pelo tribunal.

III) Em caso de acordo, o mediador submeterá a minuta à deliberação do conselho diretor ou da diretoria colegiada da agência que, aprovando-a, remeterá à apreciação do Tribunal de Contas da União, que avaliará as concessões recíprocas sob os aspectos da legalidade, legitimidade, economicidade e do interesse público em resolver o conflito sem judicialização e em prazo razoável.

IV) O Tribunal de Contas da União apreciará a proposta de acordo no prazo de trinta dias, prorrogável uma única vez por igual período, sendo obrigatória a intervenção do Ministério Público junto ao TCU, que emitirá seu parecer no prazo de dez dias.

V) Aprovado total ou parcialmente o termo de acordo pelo plenário do Tribunal de Contas da União, a minuta do acordo retorna para a agência reguladora para homologação definitiva e produção de efeitos jurídicos.

VI) O termo homologado pela agência reguladora constituir-se-á em título executivo extrajudicial, só podendo ter seus pressupostos de fato e de direito desconstituídos em caso de dolo ou fraude.

Além disso, normas específicas deverão dispor acerca da organização e composição do centro de mediação na estrutura do Tribunal de Contas da União, assim como sobre os critérios de escolha e de responsabilidade dos mediadores, cujos requisitos de capacitação mínima, idoneidade pessoal e experiência profissional para inscrição no cadastro de mediadores poderão ser definidos por regulamento expedido pelo próprio TCU.

6 Conclusão

A mediação no setor público é fruto de um amplo redimensionamento da estrutura do Estado que, apesar de ter, na seara administrativa, uma origem diversa daquela que incitou o mesmo movimento na seara jurisdicional, no fim, ambas concorrem para os mesmos objetivos: celeridade, segurança, pluralismo, eficiência e desjudicialização. A ideia de governança pública dos franceses foi responsável por lançar as primeiras sementes que décadas depois levariam ao florescimento da noção de consensualismo no Brasil.

A mediação na Administração Pública vem, mediante o concerto de interesses entre o setor público e privado, aproximando a Administração do administrado, incluindo-o de forma mais efetiva e cooperativa na própria densificação do interesse público, que não é monopólio do Estado. Já não se pode incorrer no equívoco de confundir interesse público com interesse da Administração e, pior, de vedar o avanço do consensualismo em virtude de uma leitura obsoleta acerca do princípio de indisponibilidade do interesse público.

Como foi visto, a mediação é ferramenta adequada para concretizar a eficiência administrativa, seja porque cria uma via menos onerosa, mais célere e mais versátil para a composição do conflito ou para a administração dos interesses, seja porque concorre para a legitimação do processo decisório mediante a promoção do pluralismo administrativo, revelando-se, assim, imprescindível para dar concretude ao ideal de consensualismo.

Dentro desse cenário, é oportuna a criação de um centro de mediação no TCU para a solução de controvérsias envolvendo a Administração Pública e o setor privado, sobretudo em questões envolvendo projetos de infraestrutura. Demonstrou-se que, em muitos casos, é imprescindível, para uma condução eficiente e justa da fiscalização, que o TCU avalie imediatamente as minutas dos contratos de concessão objeto de seu controle, participando desde o início na sua elaboração. Isso poderá ser feito mediante o procedimento de mediação, em uma atividade cooperativa que envolveria o TCU, a agência reguladora do respectivo setor, o poder concedente e os particulares interessados.

Conforme o modelo proposto, mediação deverá ser iniciada exclusivamente por solicitação da agência reguladora ou do poder concedente dirigida ao TCU. Havendo acordo, o mediador submeterá a minuta à deliberação do conselho diretor ou da diretoria colegiada da agência que, aprovando-a, remeterá à apreciação do TCU, que avaliará as concessões recíprocas sob os aspectos da legalidade, legitimidade, economicidade e do interesse público em resolver o conflito sem judicialização e em prazo razoável. Aprovado total ou parcialmente o termo de acordo pelo plenário do TCU, a minuta do acordo retorna para a agência reguladora para homologação definitiva e produção de efeitos jurídicos.

O que se busca é fugir à lógica fiscalizatória punitiva, viabilizando-se um ajuste técnico e cooperativo na metodologia do contrato mediante a fixação de protocolos, procedimentos e objetivos de uma maneira mais célere.

Referências

BANDEIRA DE MELLO, Celso Antônio. A noção jurídica de "interesse público". *In*: BANDEIRA DE MELLO, Celso Antônio. *Grandes temas de direito administrativo*. São Paulo: Malheiros, 2009.

CADIET, Loic. Case management judiciaire et déformalisation de la procédure. *Revue Fraçaise D'Administration Publique*, n. 125, p. 133-150, 2008/1. Disponível em: https://www.cairn.info/revue-francaise-d-administration-publique-2008-1-page-133.htm. Acesso em: 28 abr. 2020.

CAILLOSSE, Jacques. Les figures croisées du juriste et du manager dans la politique française de réforme de l'Etat. *Revue Française D'administration Publique*, n. 105- 106, p. 123, 2003/1. Disponível em: https://www.cairn.info/revue-francaise-d-administration-publique-2003-1-page- 121.htm#re23no23. Acesso em: 28 abr. 2020.

CAPPELLETTI, Mauro; GARTH, Bryant. *Acesso à Justiça*. Tradução de Ellen Gracie Northfleet. Porto Alegre: Fabris, 1988.

CARNEIRO, Paulo Cezar Pinheiro. Capítulo I: Das normas fundamentais do Processo Civil (arts. 1º a 15). *In*: ALVIM, Teresa Arruda *et al.* (Coord.). *Breves comentários ao Novo Código de Processo Civil*. São Paulo: Revista dos Tribunais, 2015.

CASTELLS, Manuel. *A era da informação*: fim de milênio. 3. ed. São Paulo: Paz e Terra, 2002.

CHEVALLIER, Jacques. La gouvernance, un nouveau paradigme étatique. *Revue Française D'administration Publique*, n. 105-106, p. 203-217, 2003/1. Disponível em: https://www.cairn.info/revue-francaise-d-administration-publique-2003-1-page-203.htm. Acesso em: 29 abr. 2020.

CHEVALLIER, Jacques. *Le droit administratif entre science administrative et droit constitutionnel*. Curapp. Le droit administratif en mutation. [s.l.] : Presses universitaires de France, 1993. Disponível em: https://hal.archives-ouvertes.fr/hal-01763594. Acesso em: 30 abr. 2020.

DALLARI, Adilson de Abreu. Viabilidade da transação entre o Poder Público e o particular. *Revista Interesse Público*, n. 13, 2002.

DI SALVO, Sílvia Helena Picarelli Gonçalves Johonsom. *Mediação na Administração Pública brasileira*: o desenho institucional e procedimental. São Paulo: Almedina Brasil, 2018.

GAJARDONI, Fernando da Fonseca. *Flexibilidade procedimental*: um novo enfoque para o estudo do procedimento em matéria processual. 2007. Tese (Doutorado em Direito Processual) – Faculdade de Direito, Universidade de São Paulo, São Paulo, 2007. DOI: 10.11606/T.2.2007.tde-06082008-152939.

GAUDIN, Jean-Pierre. *Gouverner par contrat*. Paris: Presses de Sciences Politiques. 2007.

IHERING, Rudolf von. *A luta pelo direito*. Tradução de João Vasconcelos. São Paulo: Forense, 2006.

MEDAUAR, Odete. *O direito administrativo em evolução*. 2. ed. São Paulo: Revista dos Tribunais, 2003.

OLIVEIRA, Gustavo Justino de; SCHWANKA, Cristiane. A Administração consensual como a nova face da Administração Pública no século XXI: fundamentos dogmáticos, formas de expressão e instrumentos de ação. *Revista de Direito Administrativo & Constitucional*, ano 8, n. 32, 2008.

PERROT, Roger. O processo civil francês na véspera do século XXI. Tradução de J. C. Barbosa Moreira. *Revista Forense*, v. 94, n. 342, p. 161-168, abr./jun. 1998.

VILLEY, Michel. *A formação do pensamento jurídico moderno*. Tradução de Claudia Berliner. São Paulo: Martins Fontes, 2005.

WATANABE, Kazuo. A mentalidade e os meios alternativos de solução de conflitos no Brasil. *In*: GRINOVER, A. P.; WATANABE, K.; LAGRASTA NETO, C. (Coord.). *Mediação e gerenciamento do processo*. São Paulo: Atlas, 2008.

WEBER, Max. *Sociologia*. São Paulo: Ática, 1979. Coleção Grandes Cientistas Sociais, n. 13.

Informação bibliográfica deste texto, conforme a NBR 6023:2018 da Associação Brasileira de Normas Técnicas (ABNT):

DANTAS, Bruno. Consensualismo, eficiência e pluralismo administrativo: um estudo sobre a adoção da mediação pelo TCU. *In*: DANTAS, Bruno. *Consensualismo na Administração Pública e regulação*: reflexões para um Direito Administrativo do século XXI Belo Horizonte: Fórum, 2023. p. 49-70. ISBN 978-65-5518-595-9.

ATIVIDADE REGULATÓRIA E CONTROLE: IMPACTOS E DESENVOLVIMENTO DE UM AMBIENTE DE GOVERNANÇA REGULATÓRIA[62]

BRUNO DANTAS

1 Introdução

Atualmente, é razoavelmente aceita a máxima de que "instituições importam" quando se discutem os elementos que propiciam o desenvolvimento de um país.

Em seu livro *Por que as nações fracassam*,[63] Daron Acemoglu e James Robinson demonstram que são as instituições políticas e econômicas que levam os países ao êxito ou ao fracasso econômico. E mais, o processo político e as instituições políticas ditam que tipo de instituições econômicas o país terá, transmitindo confiança e estabilidade aos empreendedores. Os autores indicam ainda que a probabilidade de os países desenvolverem instituições adequadas é maior quando eles

---

[62] Agradeço ao Auditor Federal Frederico Dias que, em uma versão anterior deste capítulo, publicada em coautoria conosco, forneceu importantes observações e comentários.

[63] ACEMOGLU, Daron; ROBINSON, James. *Por que as nações fracassam*. As origens do poder, da prosperidade e da pobreza. Rio de Janeiro: Campus, 2012.

contam com um sistema político pluralista e aberto, com disputa de cargos políticos, controle dos políticos pelos cidadãos e responsabilidade do governo.

Ao apresentar os resultados de pesquisa envolvendo dados de vinte países a respeito dos últimos duzentos anos, Thomas Piketty sustenta que nações pobres se aproximam das mais ricas na medida em que alcançam o mesmo nível de desenvolvimento tecnológico, de qualificação de mão de obra, de educação. E esse processo é acelerado, sobretudo, pela capacidade desses países de mobilizar os financiamentos e as instituições que permitam investir vastos montantes na formação de seu povo, tudo isso sob as garantias de um contexto jurídico para os diferentes atores. Ele está, portanto, intimamente relacionado ao processo de construção de uma potência pública (um governo) legítima e eficaz.[64]

Em outra vertente, e apresentando pesquisa acerca das razões do baixo crescimento no Brasil, Marcos Mendes defende que não é possível que o país cresça a taxas elevadas apoiado, entre outros elementos, em precária infraestrutura (de transportes, energia e comunicações), com trabalhadores de baixa qualificação, com gastos públicos em ritmo insustentável de crescimento, com sistema judicial emperrado e taxas de juros muito acima da média internacional.[65]

O enfrentamento de todas essas questões envolve desenho institucional, decisões governamentais e políticas públicas – temas com os quais a atividade de controle da Administração Pública tem muito a contribuir, direta ou indiretamente. É fundamental o papel do controle de induzir o aperfeiçoamento da governança pública, a melhoria da qualidade na prestação dos serviços públicos, a manutenção da segurança jurídica,

---

[64] PIKETTY, Thomas. *O capital no século XXI*. 1. ed. Rio de Janeiro: Intrínseca, 2014.
[65] MENDES, Marcos. *Por que o Brasil cresce pouco?*: desigualdade, democracia e baixo crescimento no país do futuro. Rio de Janeiro: Elsevier Brasil, 2017.

a estabilidade das instituições e a integridade nas relações travadas entre Estado e sociedade.

Dentro da temática de desenvolvimento, o aperfeiçoamento da atividade de regulação estatal é um dos aspectos-chave para a criação de um ambiente de negócios favorável. A Organização para Cooperação e Desenvolvimento Econômico (OCDE) reconhece que a regulação é uma das alavancas fundamentais pelas quais os governos agem para promover a prosperidade econômica, melhorar o bem-estar e buscar o interesse público e que, se bem elaborada, pode gerar benefícios sociais e econômicos que superam seus custos, contribuindo para o bem-estar social.[66]

A atividade regulatória se realiza como intervenção estatal na economia, ocorrendo diretamente ou indiretamente. Entre os diversos sentidos que esse vocábulo detém, entende-se que a atividade regulatória é exercida por meio de edição de normas, implementação dessas normas e fiscalização do cumprimento dessas mesmas normas, por meio de intervenção estatal indireta.

Assim, superando os debates acerca da intervenção estatal na economia, bem como identificando a importância de se analisar não apenas a quantidade de intervenção, mas destacadamente a qualidade dessa intervenção, a análise acerca da atividade regulatória exige a reflexão sobre diversos aspectos, entre esses o ambiente social, político e econômico existente, o sistema jurídico vigente, assim como a ideia de governança.

Considerando a atualidade e a complexidade dos aspectos relacionados à atividade regulatória, as instituições de controle se apresentam como protagonistas na avaliação da qualidade da regulação, destacadamente quando se examinam seus impactos seja na atividade pública, seja na atividade

---

[66] ORGANIZAÇÃO PARA COOPERAÇÃO E DESENVOLVIMENTO ECONÔMICO. *Recomendação do Conselho sobre Política Regulatória e Governança*. Paris: OCDE, 2012.

privada, assim como no desenvolvimento de um ambiente de boa governança regulatória.

Neste trabalho, dá-se enfoque sobre o papel do controle no aprimoramento das instituições públicas, em particular da governança regulatória. Inicialmente, analisa-se o posicionamento da Corte de Contas como ator relevante para o aprimoramento das instituições e a evolução da atividade de controle nas últimas décadas, trajetória que se assemelha às transformações por que passou a própria Administração Pública Federal.

Em seguida, aborda-se o controle externo da regulação, destacando, em especial, o papel do Tribunal de Contas da União no aperfeiçoamento da governança regulatória.

2 O papel do controle para o aprimoramento das instituições

Em virtude das prerrogativas e das garantias que lhes foram atribuídas pela Constituição Federal de 1998, os órgãos de controle[67] posicionam-se como peças-chave para o desenvolvimento das instituições.

Conforme já assentamos em outra oportunidade,[68] a história política da humanidade é a história da luta dos membros da coletividade contra os detentores do poder. Por razões práticas, o exercício do poder está condicionado ao desenvolvimento da organização estatal a fim de que possam ser cumpridas suas funções. Assim, o governo pode ser conceituado como o

---

[67] Para fins deste artigo, as expressões "controle público", "controle da Administração Pública" e "órgãos de controle" devem ser compreendidas como relacionadas à fiscalização contábil, financeira, orçamentária, operacional e patrimonial da Administração Pública, e às instituições responsáveis por essa atividade, sob uma perspectiva técnica, mais precisamente os órgãos de controle interno mencionados no art. 74 da CF/88 e, especialmente, os Tribunais de Contas.

[68] DANTAS, Bruno; DIAS, Frederico. O TCU está para a Lei de Responsabilidade Fiscal assim como o STF está para a Constituição Federal. *In*: COÊLHO, Marcus V. F.; ALLEMAND, Luiz C.; ABRAHAM, Marcus. *Responsabilidade Fiscal*: análise da Lei Complementar nº 101/2000. Brasília: OAB – Conselho Federal, 2016. p. 102.

conjunto de órgãos mediante os quais a vontade do Estado é formulada, expressada e realizada, ou o conjunto de órgãos supremos a quem incumbe o exercício das funções do poder político: legislativa, jurisdicional e executiva.[69]

Traçados os fins que devem ser buscados pela atividade estatal, caberá à atividade financeira do Estado obter os recursos necessários, geri-los e gastá-los para satisfazer os interesses da população.[70] O orçamento público surge, então, como um dos principais mecanismos para o exercício das funções estatais, constituindo-se como principal documento de políticas públicas do governo.[71] Ao mesmo tempo, é forma de contenção de gastos perdulários com despesas dissociadas dos interesses coletivos e possibilita a fiscalização financeira dos governantes. Não é por outra razão que, desde sua origem, o orçamento está intimamente relacionado ao controle exercido pelo parlamento sobre os planos propostos pelo Poder Executivo.[72]

Como a atuação estatal se dá por meio de agentes e órgãos, concluímos que, na maioria das vezes, incumbe a terceiros – e não ao povo, titular do poder político – exercer o poder e gerir os recursos necessários para a realização da atividade estatal. O modelo republicano atenua esse problema, porquanto os agentes estatais ficam obrigados a prestar contas sobre como exercem o poder e gerem os recursos (a *res publica*).

O controle público origina-se, portanto, a partir do risco de que a atuação dos governantes possa estar em desacordo

---

[69] SILVA, José Afonso da. *Curso de direito constitucional positivo*. 33. ed. São Paulo: Malheiros, 2010. p. 107.
[70] OLIVEIRA, Regis Fernandes de. *Curso de direito financeiro*. 6. ed. São Paulo: Revista dos Tribunais, 2014. p. 156.
[71] ABRUCIO, Fernando L.; LOUREIRO, Maria R. Finanças públicas, democracia e accountability: debate teórico e o caso brasileiro. In: ARVATE, Paulo R.; BIDERMAN, Ciro. *Economia do setor público no Brasil*. Rio de Janeiro: Elsevier; Campus, 2004. p. 75-102.
[72] NÓBREGA, Marcos. Orçamento, eficiência e performance budget. In: CONTI, José Maurício; SCAFF, Fernando Facury (Coord.). *Orçamentos públicos e direito financeiro*. São Paulo: Revista dos Tribunais, 2011.

com a vontade primordial dos governados. Tal dissenso de vontades se assemelha ao que se entende por "conflito de agência", que surge quando há divergência de interesses entre administradores (agentes) e proprietários (principal) nas organizações em geral. No âmbito do setor privado, a governança corporativa se destina a proteger os acionistas (principal), em especial os minoritários, dos eventuais desmandos da alta cúpula gerencial (agentes). Na esfera pública, a sociedade (principal) faz o papel dos acionistas e os gestores públicos (agentes) se equiparam ao corpo gerencial das empresas, na medida em que recebem da sociedade o poder para gerenciar os recursos arrecadados e devolvê-los na forma de serviços.[73]

Além de disporem de certa autonomia na gestão dos recursos públicos, os gestores (agentes) detêm mais informações sobre o que de fato ocorre na gestão do que a sociedade (principal), conformando o que se entende por assimetria informacional ou abismo informacional –[74] uma das principais molas propulsoras do conflito de agência.

Em virtude desse conflito, vislumbram-se dois tipos de problemas, ambos indesejáveis sob a óptica de um Estado republicano e democrático. Em primeiro lugar, o risco de desalinhamento entre a condução da coisa pública e os anseios da sociedade. Para controlar esse tipo de risco, os cidadãos precisam de informações fornecidas pelos agentes estatais (direito à informação). Nesse contexto, surge um segundo tipo de risco, o de que haja alguma disparidade entre o que está sendo informado e o que foi ou está sendo efetivamente realizado.

---

[73] NARDES, João Augusto Ribeiro. O controle externo como indutor da governança em prol do desenvolvimento. *Revista do Tribunal de Contas da União*, Brasília, ano 45, n. 127, p. 16-19, maio/ago. 2013.

[74] ALBUQUERQUE, João Henrique Medeiros *et al.* Um estudo sob a óptica da teoria do agenciamento sobre a accountability e a relação Estado-sociedade. *In*: CONGRESSO USP DE CONTROLADORIA E CONTABILIDADE, 7., 2007. São Paulo: USP, 2007. p. 26-39.

Como mediadora do conflito de informação entre Estado e sociedade, surge a figura da *accountability*[75] com os atributos de transparência, clareza e tempestividade da informação, no intuito de aproximar os dois polos dessa relação de agência.[76] Os sistemas democráticos encontram fundamento na *accountability*, já que a informação é um pressuposto básico da transparência dos negócios públicos em uma verdadeira e legítima democracia. Sem informações adequadas a respeito da gestão pública, os cidadãos ficam privados de realizar julgamentos adequados a respeito dos atos praticados por seus governantes.[77]

Tanto o controle interno quanto os Tribunais de Contas podem ser considerados agências de *accountability* na área das finanças públicas, mais especificamente *accountability* horizontal.[78] De qualquer forma, essa fiscalização propicia melhores condições para o exercício do controle social (*accountability* vertical), uma vez que a qualidade da informação é fator preponderante para que qualquer participação ativa da sociedade possa ser efetiva. Esses órgãos contribuem, portanto, para atenuar o conflito de agência, promovendo valores republicanos e aprimorando o regime democrático.[79]

---

[75] A *accountability* pode ser entendida como a obrigação que têm as pessoas às quais se tenham confiado recursos de assumir responsabilidades, de ordem fiscal, gerencial e programática, por seus atos e omissões e de, voluntariamente, informar a quem lhes delegou a responsabilidade por meio da prestação de contas (BRASIL. Tribunal de Contas da União. *Referencial Básico de Governança Aplicável a Órgãos e Entidades da Administração Pública*. Versão 2. Brasília: TCU, Secretaria de Planejamento, Governança e Gestão, 2014. 80 p.).

[76] ALBUQUERQUE, João Henrique Medeiros *et al*. Um estudo sob a óptica da teoria do agenciamento sobre a accountability e a relação Estado-sociedade. *In*: CONGRESSO USP DE CONTROLADORIA E CONTABILIDADE, 7., 2007. São Paulo: USP, 2007.

[77] NAKAGAWA, Masayuki; RELVAS, Tânia Regina Sordi; DIAS FILHO, José Maria. Accountability: a razão de ser da contabilidade. *Revista de Educação e Pesquisa em Contabilidade – REPEC*, Brasília, v. 1, n. 3, p. 83-100, set./dez. 2007.

[78] Conforme definição apresentada à nota 3.

[79] Na França, encara-se *La Cour des Comptes* como "instituição auxiliar da democracia", exatamente em virtude desse papel de prestar informações à cidadania a respeito da condução dos assuntos de interesse público, permitindo aos cidadãos e seus eleitos efetuar, com conhecimento de causa, as escolhas que atendem ao povo soberano (WILLEMAN, Marianna M. *Accountability democrática e o desenho institucional dos Tribunais de Contas no Brasil*. Belo Horizonte: Fórum, 2017).

Ao examinar a Constituição de 1988, Ricardo Lobo Torres apresenta como grande novidade a previsão de controles da legalidade, legitimidade[80] e economicidade",[81] uma vez que, anteriormente, só se mencionava o controle formal de legalidade. O autor reforça a relevância dessa inovação associando-a com a relação entre direitos fundamentais e finanças públicas:

> Os direitos fundamentais têm uma relação profunda e essencial com as finanças públicas. Dependem, para a sua integridade e defesa, da saúde e do equilíbrio da atividade financeira do Estado, ao mesmo tempo em que lhe fornecem o fundamento da legalidade e da legitimidade. Os direitos fundamentais se relacionam com os diversos aspectos das finanças públicas. [...] Cabendo ao Tribunal de Contas, de acordo com o art. 70 da Constituição Federal, a fiscalização contábil, financeira, orçamentária, operacional e patrimonial da União e das entidades da administração direta e indireta, quanto à legalidade, legitimidade e economicidade, segue-se que passa ele a exercer papel de suma importância no controle das garantias normativas ou principiológicas da liberdade, ou seja, no controle da segurança dos direitos fundamentais.[82]

---

[80] A verificação quanto à legitimidade diz respeito a avaliar se o ato controlado realiza o direito fundamental que lhe é subjacente na medida e na profundidade exigida pela Constituição (cf. CASTRO, José Ricardo Parreira de. *Ativismo de contas* – Controle das políticas públicas pelos Tribunais de Contas. Rio de Janeiro: Jam Jurídica, 2015. p. 161). Significa proceder à investigação dos elementos ideológicos e teleológicos do ato praticado pelo administrador, possibilitando a identificação de eventuais desvios de finalidade ou de poder, de fraude à lei ou de ações contrárias aos princípios do direito, especialmente, ao interesse público (cf. MILESKI, Helio Saul. *O controle da gestão pública*. São Paulo: Revista dos Tribunais, 2003. p. 294).

[81] O vocábulo *economicidade* se vincula, finalisticamente, no plano da ciência econômica e da teoria geral da administração, à ideia fundamental de desempenho qualitativo. Como parâmetro de controle, permite avaliar, portanto, a obtenção do melhor resultado estratégico possível de determinada alocação de recursos financeiros, econômicos e/ou patrimoniais em dado cenário socioeconômico (cf. BUGARIN, Paulo Soares. *O princípio constitucional da economicidade na jurisprudência do Tribunal de Contas da União*. Belo Horizonte: Fórum, 2004. p. 210). A ideia de controle de economicidade é fazer com que a Administração utilize os dinheiros públicos de forma racional, buscando uma otimização que produza o melhor benefício ao menor custo, com atendimento dos princípios da legalidade e da legitimidade, tendo em conta o fator de eficiência (cf. MILESKI, Helio Saul. *O controle da gestão pública*. São Paulo: Revista dos Tribunais, 2003. p. 296).

[82] TORRES, Ricardo Lobo. A legitimidade democrática e o Tribunal de Contas. *Revista de Direito Administrativo*, v. 194, p. 31-45, 1993.

Embora não seja unívoco e isento de disputas o sentido de economicidade e legitimidade como parâmetros de controle, é certo que a inclusão desses termos no texto constitucional alarga, em alguma medida, o controle exercido sobre os atos da Administração Pública. Ou seja, ainda que determinada escolha pública esteja dentro das balizas legais, poderá a Corte de Contas ou mesmo o controle interno avaliarem a sua razoabilidade em face dos princípios da legitimidade e da economicidade. De qualquer forma, continua preservado o espaço de decisão do gestor, não podendo o controlador substituir as opções administrativas pelas suas próprias preferências.

Além dos novos parâmetros de controle, a Constituição trouxe a possibilidade de realização de auditorias de natureza operacional, as quais agregam dimensões de desempenho ao controle exercido pelo Tribunal de Contas.[83] Com isso, o controle não mais se restringe a zelar pelas finanças e pelo patrimônio público, voltando seus olhos também para o aperfeiçoamento das instituições administrativas.[84]

Com efeito, o desenho institucional que emerge da Constituição Federal favorece uma atividade de controle mais abrangente, a qual, sem descurar da análise da regularidade dos atos do poder público, agrega novas dimensões do controle, de cariz finalístico, com foco em resultados. Espera-se tanto coibir fraudes quanto aprimorar a governança e as políticas públicas.[85]

---

[83] Constituição Federal, art. 70, *caput*, e art. 71, inc. IV. A auditoria operacional é o exame independente e objetivo da economicidade, eficiência, eficácia e efetividade de organizações, programas e atividades governamentais, com a finalidade de promover o aperfeiçoamento da gestão pública. Enquanto a eficácia se relaciona ao grau de alcance das metas programadas (bens e serviços), a efetividade diz respeito ao alcance dos resultados pretendidos, em médio e longo prazo. Cf. BRASIL. Tribunal de Contas da União. *Manual de auditoria operacional*. Brasília: TCU; Secretaria de Fiscalização e Avaliação de Programas de Governo, 2010.

[84] MILESKI, Helio Saul. *O controle da gestão pública*. São Paulo: Revista dos Tribunais, 2003. p. 287.

[85] No Mapa Estratégico do TCU (2015-2021), acolhe-se a missão de "Aprimorar a Administração Pública em benefício da sociedade por meio do controle externo" e os seguintes resultados: (i) aprimorar a governança e a gestão em organizações e políticas públicas; (ii) coibir a má

3 Evolução da atividade de controle para uma abordagem finalística

Podemos considerar que a trajetória do controle externo[86] acompanhou os movimentos experimentados pela Administração Pública e pelo próprio Estado brasileiro.

Numa primeira fase, o controle assumia ares formalísticos, quase "cartoriais", de mera legalidade. De maneira geral, realizavam-se análises documentais e se verificava essencialmente o atendimento a formalidades e o cumprimento estrito da lei. O TCU era um órgão preponderantemente burocrático, de registro contábil e apostilamento de informações oficiais.

Hoje, é praticamente inconcebível uma fiscalização ater-se apenas ao crivo de estrita legalidade. Mesmo em análises de conformidade, procuram-se apreciar contratações e execuções contratuais de modo mais abrangente, superando a mera análise formal.[87]

Paulatinamente, o que se observou foi uma evolução do controle em dois sentidos distintos. No primeiro deles, as fiscalizações dirigem sua lupa para o controle de economicidade, mas ainda numa ótica de conformidade. Essa vertente evoluiu rumo a um controle de caráter mais finalístico, em que se avaliam, por exemplo, empreendimentos de infraestrutura não só sob a ótica de custos, mas também de

---

gestão dos recursos públicos; e (iii) fomentar a Administração Pública transparente. No nível tático, são adotadas as seguintes diretrizes para os anos de 2017 e 2018: combate à fraude e corrupção; avaliação da eficiência e da qualidade dos serviços públicos; avaliação de resultados de políticas e programas públicos; e promoção da transparência (BRASIL. Tribunal de Contas da União. *Planos de controle externo e de diretrizes do Tribunal de Contas da União*: vigência abril de 2017 a março de 2019. Brasília: TCU, Segepres, 2017). No mesmo sentido, o Mapa Estratégico da Controladoria-Geral da União (2016-2019) estabelece como missão: "Promover o aperfeiçoamento e a transparência da Gestão Pública, a prevenção e o combate à corrupção, com participação social, por meio da avaliação e controle das políticas públicas e da qualidade do gasto".

[86] Tomando por base o âmbito federal, ante a evolução experimentada pelo Tribunal de Contas da União.

[87] CITADINI, Antônio Roque. *O controle externo da Administração Pública*. São Paulo: Max Limonad, 1995.

sua funcionalidade. Vale dizer, sem abandonar o exame da regularidade de preços contratados, o escopo das auditorias acrescenta uma análise acerca da obra dentro do contexto do alcance das políticas públicas a que se destina, possibilitando uma visão mais ampla dos resultados perseguidos por aquele grupo de investimentos.[88]

O segundo sentido de evolução do controle a que nos referimos se deu a partir do desenvolvimento de auditorias de natureza operacional, tendo como parâmetro de controle principal a eficácia da ação estatal. Surgem, então, trabalhos voltados à avaliação de programas governamentais e modelos regulatórios de serviços públicos, realizados a partir das mais modernas técnicas utilizadas por entidades fiscalizadoras superiores em outros países.

Nesse caminho, o foco do controle desloca-se dos meios para os resultados da ação estatal e para o mapeamento de pontos críticos que merecem intervenção seletiva, com vistas ao aprimoramento da gestão.

É interessante observar como a transição de um controle voltado a aspectos formais para um controle finalístico, com foco nos resultados da ação estatal, está intimamente relacionada à transformação de paradigmas por que passou a Administração Pública nos últimos anos, em que o aparelho

---

[88] Nos termos do voto condutor do Acórdão nº 1.299/2015-TCU-Plenário: "7. Conforme explanei em outra oportunidade, o sucesso de uma política pública extrapola a mera execução da obra, pois é função do efetivo benefício social que se pretende alcançar. Vale dizer, quando a sociedade não usufrui daquele bem, o resultado é idêntico ao da sua não existência: são recursos públicos desperdiçados. 8. Por isso, o controle volta-se não apenas para a construção da rodovia em si, mas também à sua integração com os demais modais de transporte responsáveis pelo escoamento da safra de grãos rumo à exportação. Amplia-se, nesse exemplo, o objeto de fiscalização para todo o corredor logístico globalmente considerado. 9. Nas obras do Projeto de Integração do Rio São Francisco, para citar mais um exemplo, a lupa da auditoria desloca-se dos detalhes de determinado contrato para o exame de todo o subsistema hídrico – o que engloba, além das adutoras principais, seus respectivos ramais e barragens, todos conjuntamente necessários para que os recursos hídricos atinjam, de fato, os destinatários do programa. Afinal, de nada adiantaria uma usina desprovida da linha de transmissão correspondente; ou a construção de uma estação de tratamento sem o respectivo sistema de adução que conduza a água até ela".

de Estado deixa de ser eminentemente burocrático para incorporar cada vez mais características e instrumentos de caráter gerencial.

Conforme argumento desenvolvido no Plano Diretor de Reforma do Aparelho do Estado, a Administração Pública gerencial caracteriza-se por apresentar controle voltado mais aos resultados (fins) do que aos processos (meios).[89] Nos quadros desse paradigma, o TCU desenvolveu ações de controle mais sofisticadas, finalísticas, de natureza operacional, as quais buscam verificar se as metas e os objetivos estão sendo ou não alcançados.[90]

Recentemente, sob uma perspectiva mais ampla, percebeu-se que não se deve restringir a noção de resultados aos produtos imediatos e ao cumprimento de metas numéricas de insumos despendidos. A finalidade última da ação estatal é o bem-estar das pessoas. Esse é o resultado que deve ser buscado pela Administração Pública – e também pelo controle. Por isso, a atenção dos órgãos de controle tem se voltado, cada vez mais, para o aprimoramento do aparelho de Estado visando atingir a sociedade e melhorar a vida de seus cidadãos. Destaque-se, a propósito, a tônica dada pelo TCU no seu *Mapa estratégico* ao adotar como missão "Aprimorar a Administração Pública em benefício da sociedade por meio do controle externo".

É importante atentar para isto: por trás de expressões como "interesse público primário" e "bem-estar da sociedade" e de estratégias como "políticas públicas" e "desenvolvimento sustentável", está o cidadão como causa primeira e finalidade última da ação estatal. É sintomático que, ao recentemente

---

[89] BRASIL. *Plano diretor da reforma do aparelho do Estado*. Brasília: Presidência da República, Câmara da Reforma do Estado. Ministério da Administração Federal e Reforma do Estado, 1995.

[90] Manifestação de Benjamin Zymler, ministro do Tribunal de Contas da União, em Seminário Internacional organizado pelo Instituto Helio Beltrão em setembro de 2001 (SEMINÁRIO INTERNACIONAL: DEBATES E TRABALHOS APRESENTADOS EM BRASÍLIA. Setembro de 2001. Quem controla as agências reguladoras de serviço público? Brasília: IHB, 2003. p. 46).

anunciar os Objetivos de Desenvolvimento Sustentável (ODS), as Nações Unidas deixam claro que aquele conjunto de objetivos e metas universais e transformadoras se pretende "abrangente, de longo alcance e centrado nas pessoas".

Seja dando estabilidade e segurança jurídica, seja intervindo nas relações sociais e econômicas, é papel do Estado propiciar às pessoas as condições para a melhoria da qualidade de vida e a ampliação das oportunidades de desenvolverem suas potencialidades. Assim, é possível perceber por meio de diferentes abordagens que aprimorar o aparelho de Estado e aperfeiçoar suas instituições são formas de contribuir para que as pessoas tenham uma melhor qualidade de vida.

Ainda dentro do contexto das auditorias operacionais, o controle tem se desenvolvido para avaliar a governança de políticas públicas, órgãos e entidades e centros de governo. Considerando o papel do Estado na qualidade de promotor de desenvolvimento, transformação social e bem-estar, a governança compreende a estrutura empreendida para garantir que esses resultados sejam definidos e alcançados. O controle devidamente voltado a essa questão pode colaborar para o aumento da governança e a maximização da capacidade de alcance de resultados, refletindo na melhoria da Administração Pública e na entrega de serviços que atendam às reais expectativas dos cidadãos.[91]

Analisando aspectos relacionados à segurança e à credibilidade, é relevante destacar o papel dos Tribunais de Contas como garante da verdade fiscal e afiançador dos números apresentados pelo setor público. O desenvolvimento do país exige a paulatina construção de um ambiente estável, confiável, transparente e favorável ao investimento. A fidedignidade das informações prestadas é pressuposto essencial para o

---

[91] BRASIL. Tribunal de Contas da União. *Referencial para Avaliação da Governança do Centro de Governo*. Brasília: TCU, 2016.

estabelecimento de qualquer relação de confiança, permeada por comportamento íntegro e boas práticas de *compliance*. Num contexto de crise fiscal e global como o que vivemos, a atividade de fiscalização assume o importante papel institucional de transmitir confiança para a sociedade[92] e credibilidade ao governo perante os investidores. Assegurando a fidedignidade e a qualidade das informações relacionadas às finanças governamentais, o controle externo favorece o desenvolvimento de um ambiente *accountable* e dá credibilidade ao país. Afinal, "informações financeiras confiáveis constituem o pilar da boa governança das finanças públicas".[93]

Destacadamente, outra relevante linha de atuação do TCU, dessa vez como fator de segurança, diz respeito ao controle da atividade regulatória.[94] É reconhecida a essencialidade da boa governança regulatória com vistas a criar as bases para a atração de investimentos privados que financiem o aperfeiçoamento da infraestrutura nacional. De se notar que o papel do controle se dissocia da função do regulador, uma vez que o primeiro não atua diretamente formulando políticas regulatórias ou direcionando a regulação, mas sobretudo fiscaliza a atuação das agências em face de suas competências legais, de modo que estas não ultrapassem os marcos legais do setor.

Acompanhando esse movimento de reestruturação da atuação governamental, o controle externo também precisa se readaptar: em vez de fiscalizar as obras, os atos de controle passam a ser realizados sobre os reguladores. Vale dizer,

---

[92] CEDRAZ, Aroldo; DUTRA, Tiago Alves de Gouveia Lins. Credibilidade dos governos, papel das EFS e boas práticas internacionais de auditoria financeira. *Revista do TCU*, n. 129, p. 38-49, 2014.

[93] DUTRA, Tiago Alves de Gouveia Lins; CHAMPOMIER, Jean-Michel. A função de auditoria financeira em Tribunais de Contas: as perspectivas do TCU e a experiência da Corte de Contas da França. *Revista do TCU*, n. 130, p. 70-81, 2014.

[94] Nos próximos anos, é razoável prever o aprofundamento de um modelo de maior participação do setor privado nos investimentos direcionados a grandes empreendimentos, uma vez que, num ambiente de crise fiscal e reequilíbrio das contas públicas, o desenvolvimento da infraestrutura dependerá da ampliação das concessões.

controla-se a função de regular, que também é controle. Por isso, fala-se em "controle de segunda ordem".

O objetivo do controle não é outro senão o de garantir regularidade, transparência e auditabilidade aos atos das agências. Cabe ressaltar que, ao reduzir eventuais riscos de captura do regulador, o controle externo cria condições necessárias para estabilidade das regras, o correto cumprimento dos contratos e a eficiência da regulação.[95]

Seja corrigindo rumos, seja avaliando resultados e recomendando melhorias, seja funcionando como elemento de estabilidade e credibilidade, o controle cumpre seu papel de aperfeiçoar as instituições em geral e a Administração Pública em particular. Com isso, em última instância, contribui para propiciar maior bem-estar às pessoas.

4   Controle da regulação e aprimoramento da governança regulatória

O desenvolvimento do controle público rumo a uma abordagem mais finalística é algo evidente.

Ainda existem diversos desafios no exercício da atividade de fiscalizar uma Administração Pública condicionada por um ambiente complexo: escassez de recursos; altas demandas de cidadãos por serviços públicos que atendam, com eficiência, a seus direitos fundamentais; necessidade de investimentos em infraestrutura; instabilidades e incertezas dos valores que permeiam uma sociedade plural.

Neste ambiente complexo, está inserida a atividade regulatória exercida pelo Estado, cuja relevância tem se ampliado consideravelmente, em especial ante as necessidades prementes

---

[95] COUTINHO, Maria do Amparo; GOMES, Marcelo Barros; WANDERLEY, Maurício Albuquerque. 10 anos de controle externo da regulação de serviços públicos. *In*: BRASIL. Tribunal de Contas da União. *Regulação de serviços públicos e controle externo*. Brasília: TCU; Secretaria de Fiscalização de Desestatização, 2008.

de aumentar a competitividade do mercado, prover infraestrutura adequada ao desenvolvimento da economia e oferecer à população serviços públicos de maior qualidade – tudo isso no meio de uma grave crise fiscal. Esse contexto exige a criação de um quadro institucional que transmita credibilidade e segurança a investidores e usuários, compondo um ambiente de negócios favorável às transações entre os agentes econômicos e aos investimentos privados.

A regulação pode ser compreendida como uma espécie de intervenção estatal, porém indireta, que alcança atividades econômicas e sociais, visando, basicamente, à implementação de políticas públicas e à realização dos direitos sociais.[96] Distingue-se dos modos clássicos de intervenção, por se limitar a supervisionar o jogo econômico: estabelecendo certas regras e intervindo de maneira permanente para amortecer as tensões, compor os conflitos e assegurar a manutenção de um equilíbrio do conjunto. Ou seja, por meio da regulação, o Estado passa de ator a árbitro do processo econômico, enquadrando a atuação dos operadores e harmonizando suas ações.[97] A implantação da função regulatória pressupõe "uma posição de exterioridade relativamente ao jogo econômico, uma capacidade de arbitragem entre os interesses em jogo e uma ação contínua a fim de proceder aos ajustes necessários".[98]

Em sentido amplo, a regulação envolve a adoção de medidas de cunho legislativo e de natureza administrativa, destinadas a incentivar as práticas privadas desejáveis e reprimir aquelas incompatíveis com a realização dos valores relevantes. As políticas regulatórias envolvem, inclusive, a

---

[96] GUERRA, Sérgio. *Discricionariedade, regulação e reflexividade*: uma nova teoria sobre as escolhas administrativas. 3. ed. Belo Horizonte: Fórum, 2015. p. 75.
[97] CHEVALLIER, Jacques. *O Estado Pós-Moderno*. Belo Horizonte: Fórum, 2009. p. 73.
[98] CHEVALLIER, Jacques. *O Estado Pós-Moderno*. Belo Horizonte: Fórum, 2009. p. 73.

aplicação jurisdicional do direito, considerando que o Estado regulador atua preponderantemente pela via normativa.[99]

Da perspectiva da função administrativa, podemos considerar que a atividade regulatória está associada à intervenção indireta do Estado-Administração realizada com a finalidade de implementar, com autonomia, políticas constitucionalizadas (prioridades cogentes), via correção de falhas de mercado e de governo, em caráter promocional ou repressivo, de ordem a melhor tutelar a eficácia dos direitos fundamentais.[100]

Um processo de regulação implica várias fases das quais se destacam a formulação das orientações da regulação, a definição e operacionalização das regras, a implementação e aplicação das regras, o controle da aplicação das regras, o sancionamento dos transgressores e a decisão nos recursos.[101]

Dado que a nova ordem globalizada exige compromisso com a manutenção de regras (segurança jurídica) e contratos de longo prazo, a adoção de um padrão estatal regulatório justifica-se na medida em que, embora ceda capacidade decisória sobre aspectos técnicos para entidades descentralizadas, o governo acaba obtendo em troca credibilidade.[102]

O foco do controle público sobre o aprimoramento da Administração Pública em benefício da sociedade faz com que a atividade regulatória não escape de suas lentes. Nesse tema, a atuação do Tribunal de Contas da União objetiva assegurar regularidade e transparência aos atos das agências reguladoras a fim de evitar que tais entidades se distanciem dos limites

---

[99] JUSTEN FILHO, Marçal. *O direito das agências reguladoras independentes*. São Paulo: Dialética, 2002. p. 40.
[100] FREITAS, Juarez. Teoria da regulação administrativa sustentável. *Revista de Direito Administrativo*, v. 270, p. 117-145.
[101] SOUTO, Marcos Juruena Villela. *Desestatização*: privatização, concessões, terceirizações e regulação. Rio de Janeiro: Lumen Juris, 2001 apud GUERRA, Sérgio. *Discricionariedade, regulação e reflexividade*: uma nova teoria sobre as escolhas administrativas. 3. ed. Belo Horizonte: Fórum, 2015. p. 96.
[102] GUERRA, Sérgio. *Discricionariedade, regulação e reflexividade*: uma nova teoria sobre as escolhas administrativas. 3. ed. Belo Horizonte: Fórum, 2015. p. 97.

impostos por lei ou de que divirjam de suas missões institucionais. Ademais, o controle externo dos reguladores, idealmente, é uma forma de fortalecimento do próprio ambiente regulatório, podendo ensejar o aumento da credibilidade de compromissos assumidos.[103]

Está a cargo do controle analisar os fundamentos jurídicos, econômicos e financeiros contidos nos estudos técnicos empreendidos pelos reguladores. Havendo falhas, ilegalidades, irregularidades ou inconsistências, cumpre determinar ou recomendar correções. Essas determinações ou recomendações, em vez de ensejarem insegurança, aumentariam a confiança de usuários, concessionários e poder público na regulação. Nesse modelo, as escolhas regulatórias – metodologias, técnicas e objetivos – são de competência exclusiva dos órgãos reguladores, cabendo ao controle averiguar se tudo foi feito conforme proposto, se houve erro nos cálculos ou no emprego das metodologias e se foram obedecidos os princípios constitucionais e legais que norteiam a atuação da Administração Pública.[104]

Além dos atos administrativos em si, um dos focos do controle volta-se ao aprimoramento da governança e da qualidade regulatória.

A ideia de governança pode ser traduzida por um "sistema pelo qual as organizações são dirigidas, monitoradas e incentivadas, envolvendo os relacionamentos entre sociedade, alta administração, servidores ou colaboradores e órgãos de

---

[103] DOURADO, Rodolfo Maciel. *O controle externo sobre as agências reguladoras de Estado*: limites e (im)possibilidades. 2011. 151 f. Dissertação (Mestrado) – Escola Brasileira de Administração Pública e de Empresas, Centro de Formação Acadêmica e Pesquisa, Rio de Janeiro, 2011. p. 141. No mesmo sentido, defende-se que o TCU criou sistema de controle de processos de desestatização que, em geral, tem contribuído para o desenvolvimento e solidificação de melhores práticas em matéria de concessões (ROSILHO, André Janjácomo. *Controle da Administração Pública pelo Tribunal de Contas da União*. Tese (Doutorado) – Faculdade de Direito, Universidade de São Paulo, São Paulo, 2016. p. 244).

[104] MACIEIRA, Leonardo dos Santos. O problema da regulação e a competência fiscalizatória do Tribunal de Contas da União sobre as atividades-fim dos órgãos reguladores. *Revista do TCU*, n. 110, p. 71-77, 2007.

controle". Assim, a boa governança pública tem como propósitos conquistar e preservar a confiança da sociedade, por meio de conjunto eficiente de mecanismos, a fim de assegurar que as ações executadas estejam sempre alinhadas ao interesse público.[105]

Aplicando-se essas definições à atividade regulatória, é interessante destacar, em especial, três pilares para caracterizar uma boa governança: legitimidade, eficiência e *accountability*:

> No âmbito da regulação, é possível afirmar que a "governança regulatória" significa a busca por instrumentos de maior legitimidade (ex.: participação na formulação da decisão administrativa), eficiência (ex.: planejamento e controle de resultados) e *accountability* (ex.: controle social e institucional) por parte dos reguladores.[106]

Podemos entender por "Governança regulatória" o conjunto de regras e práticas que regem o processo regulatório, a interação entre os atores envolvidos e o desenho institucional em que os reguladores se inserem, bem como os meios e instrumentos utilizados em prol de uma regulação eficiente, transparente, *accountable* e legítima.[107]

A boa governança regulatória exige definição de estratégia organizacional, autonomia das agências reguladoras, clareza de seus papéis e dos processos de tomada de decisão, transparência e previsibilidade regulatória, uso de ferramentas e evidências que apoiem e suportem a tomada de decisão, qualificação dos recursos humanos, e, em especial, *accountability* e participação dos atores envolvidos e afetados pelas decisões regulatórias.

---

[105] BRASIL. Tribunal de Contas da União. *Referencial Básico de Governança Aplicável a Órgãos e Entidades da Administração Pública*. Versão 2. Brasília: TCU, Secretaria de Planejamento, Governança e Gestão, 2014. 80 p. p. 17.
[106] OLIVEIRA, Rafael Carvalho Rezende. *Novo perfil da regulação estatal*: Administração Pública de resultados e análise de impacto regulatório. Rio de Janeiro: Forense, 2015. p. 184.
[107] Acórdão nº 2.261/2011-TCU-Plenário.

As recomendações da OCDE sobre governança e política regulatória envolvem compromisso do alto escalão com a qualidade regulatória; respeito à ideia de governo aberto, incluindo transparência e participação; adoção de mecanismos para supervisionar a política regulatória e promover a qualidade da regulação; utilização de análise de impacto regulatório (AIR) para novas regulações; condução de programas sistemáticos de revisão de estoque regulatório; publicação de relatórios sobre desempenho da política regulatória; aplicação de avaliação de riscos, gestão de riscos e estratégias de comunicação de risco; promoção da coerência regulatória por meio de mecanismos de coordenação; entre outros.[108]

Ou seja, o caráter destacado, complexo ou técnico da atividade regulatória não a torna independente de mecanismos que possam assegurar o alinhamento de suas ações práticas aos seus objetivos e ao interesse da sociedade.

Cumpre ao controle atuar sobre a atividade de regulação por meio da avaliação de oportunidades de aperfeiçoamento da governança regulatória. O TCU já realizou diversos trabalhos sobre o tema, sempre assinalando o quanto uma boa governança é essencial para impulsionar o desenvolvimento econômico e o bem-estar dos consumidores, incentivando a abertura do mercado, a inovação e a concorrência, além de facilitar a atração de capitais estrangeiros.[109]

A despeito do relevante papel das agências reguladoras, o Tribunal tem verificado que essas entidades enfrentam problemas comuns que põem em risco a confiabilidade e a legitimidade de suas ações em face de investidores, sociedade

---

[108] ORGANIZAÇÃO PARA COOPERAÇÃO E DESENVOLVIMENTO ECONÔMICO. *Recomendação do Conselho sobre Política Regulatória e Governança*. Paris: OCDE, 2012.
[109] Acórdão nº 240/2015-TCU-Plenário.

e governos, com evidente prejuízo à adequada prestação de serviços públicos regulados.[110]

Os trabalhos do Tribunal podem evidenciar a necessidade de correções de rumo, ou desnudar práticas e desenhos institucionais indesejados, favorecendo melhorias nos órgãos reguladores, cumprindo, dessa maneira, sua nobre missão de aprimorar a Administração Pública para o benefício da sociedade.

5 Conclusão

A Administração Pública contemporânea movimenta-se em ambiente de grande complexidade. Como resposta, o Estado passa a atuar segundo uma lógica regulatória, o que lhe permite maior flexibilidade para enfrentar esses desafios. É notória a essencialidade de uma boa governança regulatória, portanto, para estimular a realização de investimentos e as transações entre os agentes econômicos.

O controle deve acompanhar essa evolução, sem que se converta em fator de instabilidade em um contexto que pede o incremento da segurança jurídica e da previsibilidade.

Seja corrigindo rumos, seja avaliando resultados, seja funcionando como elemento de estabilidade e credibilidade, é bastante relevante o papel desempenhado pelo Tribunal

---

[110] Algumas falhas encontradas nas auditorias realizadas pelo TCU: ausência ou má fiscalização dos contratos; procedimentos internos morosos e ineficientes; não aplicação de sanções e baixo percentual de recebimento das multas aplicadas; obscuridade na tomada de decisões por falta de transparência e de fundamentação técnica robusta; não enfrentamento de questões setoriais relevantes ao interesse público; ausência de tratamento orçamentário distinto das demais entidades da Administração Pública, em claro prejuízo à sua autonomia; forte contingenciamento de recursos, inclusive de arrecadação própria; excessiva demora na indicação e nomeação de dirigentes; ausência de regulamentação de forma de substituição dos conselheiros e diretores em seus impedimentos e afastamentos legais, ou ainda no período de vacância que antecede a nomeação de novo dirigente; falhas nos mecanismos adotados para a divulgação de ações e decisões finalísticas, assim como nos instrumentos destinados a dar transparência ao processo decisório; baixa participação e controle social; ausência de processos de gerenciamento de riscos formalmente institucionalizados; não institucionalização da análise de impacto regulatório (AIR) como ferramenta de melhoria da qualidade regulatória (Acórdão nº 240/2015-TCU-Plenário).

de Contas da União no aprimoramento das instituições e na melhoria da qualidade de vida das pessoas – as verdadeiras destinatárias da ação estatal.

Informação bibliográfica deste texto, conforme a NBR 6023:2018 da Associação Brasileira de Normas Técnicas (ABNT):

DANTAS, Bruno. Atividade regulatória e controle: impactos e desenvolvimento de um ambiente de governança regulatória. *In*: DANTAS, Bruno. *Consensualismo na Administração Pública e regulação*: reflexões para um Direito Administrativo do século XXI Belo Horizonte: Fórum, 2023. p. 71-92. ISBN 978-65-5518-595-9.

A GOVERNANÇA NAS AGÊNCIAS REGULADORAS: UMA PROPOSTA PARA O CASO DE VACÂNCIA

BRUNO DANTAS
VALDECYR MACIEL GOMES

1 Introdução

Desde a ruptura com o liberalismo clássico, todos os ordenamentos jurídicos do Ocidente passaram a reconhecer quão fundamental é a justa intervenção do Estado nas atividades exploradas pelo setor privado, se o que se pretende é o desenvolvimento de uma economia que não pode continuar avançando à custa dos direitos fundamentais.

Foi a partir do final do século passado que o ordenamento brasileiro embarcou nessa direção. Com a criação das agências reguladoras, o Brasil deixou de exercer o papel de agente econômico (Estado-empresário) para se tornar um agente regulador, dando concretude, a um só tempo, não apenas a um modelo econômico que seria mediado por uma mão visível; como também a um modelo de administração pautado pelo princípio da eficiência, que acabara de ser introduzido na Constituição Federal.

Com efeito, para que as agências reguladoras possam exercer com eficiência e transparência o papel que a lei lhes outorga e a sociedade delas espera, é preciso que observem uma série de práticas de boa governança exigidas pelo ordenamento jurídico.

Por essa razão, em 2009, a pedido do Congresso Nacional, o Tribunal de Contas da União (TCU) realizou uma auditoria operacional para aferir o estado da governança das agências reguladoras de infraestrutura no Brasil. Os resultados dessa auditoria foram compilados no Acórdão nº 2.261/2011,[111] o qual apontou uma série de recomendações de boas práticas a serem adotadas. Posteriormente, em 2013, uma nova auditoria foi realizada (Acórdão nº 240/2015),[112] tendo por objetivo principal verificar duas questões fundamentais: i) se existiam condições favoráveis para que o processo decisório das agências fosse transparente e produzisse decisões técnicas e livres de ingerência e ii) em que medida o referencial básico de governança do TCU[113] estava sendo seguido pelas agências.

Tendo como pressuposto que a vacância em cargos de direção das agências reguladoras tende a enfraquecer o modelo de Estado regulador que foi estabelecido pela Constituição Federal, o objetivo do presente artigo é propor uma fórmula que busque – por meio de um sistema de estímulos – evitar que a falta de nomeação dos dirigentes das agências reguladoras seja usada de forma deliberada para o enfraquecimento dos seus poderes regulatórios, fator que até mesmo pode conduzi-las à inoperância.

---

[111] BRASIL. Tribunal de Contas da União. *Acórdão 2.261/2011*. Disponível em: https://contas.tcu.gov.br/sagas/SvlVisualizarRelVotoAcRtf?codFiltro=SAGAS-SESSAO-ENCERRAOA&seOcultaPagina=S&item0=57991. Acesso em: 1º nov. 2018.

[112] BRASIL. Tribunal de Contas da União. *Acórdão 240/2015*. Disponível em: https://contas.tcu.gov.br/sagas/SvlVisualizarRelVotoAcRtf?codFiltro=SAGAS-SESSAO-ENCERRADA&seOcultaPagina=S&item0=517715. Acesso em: 1º nov. 2018.

[113] BRASIL. Tribunal de Contas da União. *Referencial Básico de Governança aplicável a órgãos da Administração Pública*. Disponível em: https://portal.tcu.gov.br/lumis/portal/file/fileDownload.jsp?fileid=8A8182A14DDA8CE1014DDFC35AC83C74. Acesso em: 17 nov. 2018.

Assim, trilhar-se-á o seguinte caminho: antes de adentrar nas questões relativas às práticas de boa governança e às condições para que as agências possam cumprir, adequadamente, os objetivos que lhes foram colimados, abordar-se-ão – de forma horizontal, por não constituir o objeto central da pesquisa – a competência e legitimidade do TCU para adotar uma postura ativa de interferência na capacidade de regular das agências responsáveis pelas atividades concedidas, bem como para reverter decisões técnicas tomadas por elas, para, ao final, após realizar uma incursão analítica sobre as conclusões a que chegou o TCU nos acórdãos nºs 2.261/2011 e 240/2015, propor um modelo de nomeação para os dirigentes das agências reguladoras que se nos mostra adequado.

Como metodologia, adota-se o procedimento de revisão da bibliografia existente envolvendo as agências reguladoras, tanto obras físicas quanto materiais autorizados disponibilizados na rede de internet, dando especial atenção, porém, a uma análise da jurisprudência do TCU (especialmente quanto aos acórdãos nºs 2.261/2011 e 240/2015) que trata com rigor do tema da governança regulatória das agências de infraestrutura.

Não se buscou fazer uma valoração qualitativa, tampouco quanto à correção – ou incorreção – das decisões tomadas por aquele órgão de controle. O que se pretendeu, ao invés disso, foi identificar as conclusões do Tribunal e, pela análise criteriosa das decisões, elaborar um documento que sistematizasse os aspectos regulatórios ali tratados.

2 As atribuições do TCU

Em artigo que trata do tema da discricionariedade administrativa, Andreas Krell considera que a ênfase dada pela doutrina nacional ao combate que os órgãos de controle têm empreendido contra os atos de desvios é justificada pelos "fenômenos do nepotismo, do clientelismo, da corrupção e da falta de uma clara separação entre o espaço público e o espaço privado", por ele considerados ainda um dos maiores problemas da Administração Pública do Brasil. Ainda, completa alertando que este tipo de discussão doutrinária acaba por excluir indevidamente, da apreciação judicial, uma série de situações em que tal controle deveria ser feito, como fica claro na seguinte passagem:

> A invocação pouco refletida da orientação jurisprudencial, segundo a qual descabe ao Poder Judiciário invadir o "mérito" da decisão administrativa, acaba excluindo da apreciação judicial uma série de situações em que ela seria possível. A palavra mérito, oriunda da doutrina italiana, "tem recebido um tratamento fragmentário e pouco homogêneo" na doutrina brasileira e significa nada mais do que o resultado do exercício regular de discricionariedade. É lamentável que a expressão tem servido de "palavra mágica que detém o controle do Poder Judiciário sobre os atos da Administração".[114]

Dada a posição de protagonismo que o TCU alcançou depois da edição da Constituição Federal de 1988, não chega a surpreender o fato de que a atuação desse Tribunal também tenha se tornado alvo de críticas e questionamentos acerca de sua forma de agir, acerca dos limites de sua competência. Nessa linha, a doutrina especializada em direito da regulação tem se debruçado sobre a legalidade, por exemplo, de decisões tomadas pelo TCU – que tem natureza de órgão de fiscalização – julgando ser "possível a expedição de determinação [...] para a correção de ato normativo elaborado por agência reguladora quando verificada ineficácia nas ações de regulação ou omissão no tratamento concedido à matéria sob sua tutela";[115]

---

[114] KRELL, Andreas J. A recepção das teorias alemãs sobre "conceitos jurídicos indeterminados" e o controle da discricionariedade no Brasil. *Interesse Público*, Belo Horizonte, v. 5, n. 23, jan. 2004.

[115] Cf. SANTOS, Floriano Marques Azevedo. Decisão do Tribunal de Contas da União consagra "indeferência" à regulação. Disponível em: https://www.conjur.com.br/2018-ago-17fopiniao-decisao-tcu-consagra-indeferenciaregulacao#author. Acesso em: 17 nov. 2018.

ou quando o Tribunal decide aplicar "multa a diretores da Agência Nacional de Transportes Aquaviários (Antaq), por considerar que estes não regularam de forma adequada uma tarifa cobrada por terminais portuários".[116]

De acordo com o entendimento de uma parte da doutrina, o TCU estaria limitado a fiscalizar as questões financeiras dos órgãos e entidades do Poder Público, cabendo-lhe, quando muito, a possibilidade de suspender a prática de determinados atos eivados de ilegalidade. Numa linha complementar da argumentação adotada por esses doutrinadores, o TCU, como órgão de controle, não poderia substituir a agência em suas atividades finalísticas, sob pena de ferir, de uma só vez, dois elementos norteadores do direito regulatório: 1) a autonomia da agência para editar as normas pertinentes à atividade regulada e 2) a própria necessidade de haver uma instância de controle. Um último e relevante argumento que também se levanta contra a possibilidade de o TCU interferir nas decisões operacionais tomadas pelas agências é o princípio da separação dos poderes, na medida em que a lei de criação da agência funciona como uma transferência – pelo Poder Legislativo para o Poder Executivo – da competência para legislar sobre determinada matéria. E uma vez que tal transferência seja feita, não caberia ao TCU – como parte integrante do Poder Legislativo – avocar para si a competência de regular a mesma matéria, sem ferir o princípio da separação dos poderes.[117]

Por outro lado, os que defendem a competência do TCU para a prática de atos de interferência na atividade-fim das agências mobilizam o pensamento de Moreira Neto, no

---

[116] Disponível em: https://www.valor.com.br/brasil/5688425/tcu-multa-direcaoda-antaq-e-determina-mudanca-de-tarifa. Acesso em: 17 nov. 2018.
[117] Acerca da aplicabilidade da delegação legislativa, vale conferir: GUERRA, Sérgio. *Discricionariedade, regulação e reflexividade*: uma nova teoria sobre as escolhas administrativas. 4. ed. rev. e atual. Belo Horizonte: Fórum, 2017. p. 158.

sentido de que o "novo Direito, orientado por valores, necessita de novos institutos para a sua realização", tornando-se indispensável que o Estado – além dos "critérios da eficiência, da economicidade, da responsividade e da participação" – assuma uma posição de subsidiariedade, mas sem abrir mão do necessário controle, feito por órgãos autônomos, como o TCU. Nesse sentido, arremata o autor:

> A subsidiariedade [...] vem a ser uma nova maneira de realizar-se o princípio da separação de poderes do Estado, definindo, assim, um passo adiante na caminhada que se iniciou com a divisão tripartite de Montesquieu e prosseguiu com a introdução do federalismo e do conceito de órgãos constitucionalmente autônomos, como o são, entre nós, os que desempenham funções essenciais à justiça, os tribunais de contas [...].[118]

Para os doutrinadores que reconhecem a capacidade estendida do TCU para cuidar das diversas matérias ligadas ao controle e à fiscalização das agências reguladoras, e não apenas das financeiras e orçamentárias, a Constituição de 1988 – diferentemente daquela feita durante o regime de exceção – ampliou a abrangência da fiscalização prevista no art. 70 e deixou para trás a limitação para atuar exclusivamente em matérias financeiras, que é assunto vencido e tão ultrapassado quanto a Constituição Federal de 1969, que estabelecia:

> Art. 70. A fiscalização financeira e orçamentária da União será exercida pelo Congresso Nacional [...].
> §1º O contrôle externo do Congresso Nacional será exercido com o auxílio do Tribunal de Contas da União e compreenderá [...] o desempenho das funções de auditoria financeira e orçamentária [...]. [...]

---

[118] MOREIRA NETO, Diogo de Figueiredo. Juridicidade, pluralidade normativa, democracia e controle social: reflexões sobre alguns rumos do direito público neste século. *In*: ÁVILA, Humberto (Org.). *Fundamentos do Estado de direito*: estudos em homenagem ao professor Almiro do Couto e Silva. São Paulo: Malheiros, 2005. p. 105.

§3º A auditoria financeira e orçamentária será exercida sôbre as contas das unidades administrativas dos três Podêres da União, que, para êsse fim, deverão remeter demonstrações contábeis ao Tribunal de Contas da União, a que caberá realizar as inspeções necessárias [sic].

O texto, restritivo, foi ampliado pela Constituição Federal de 1988 e passou a ser lido como se segue:

Art. 70. A fiscalização contábil, financeira, orçamentária, operacional e patrimonial da União e das entidades da administração direta e indireta, quanto à legalidade, legitimidade, economicidade, aplicação das subvenções e renúncia de receitas, será exercida pelo Congresso Nacional, mediante controle externo, e pelo sistema de controle interno de cada Poder.

Com essa dicção do último texto constitucional, as competências do TCU precisaram ser ampliadas para fazer frente a essas atribuições. E, em consonância com a disposição do art. 70, o art. 71 da Constituição Federal de 1988 dispôs expressamente que compete ao Tribunal de Contas da União, entre outras práticas, "IV - realizar, por iniciativa própria, [...] inspeções e auditorias de natureza contábil, financeira, orçamentária, operacional e patrimonial, nas unidades administrativas dos Poderes Legislativo, Executivo e Judiciário, e demais entidades referidas no inc. II".

A mera comparação entre os dois textos constitucionais evidencia que – depois de 1988 – a competência do TCU não está mais circunscrita às questões meramente financeiras e orçamentárias, não sendo razoável que haja dúvidas sobre a ampliação efetiva dos poderes que tinha o TCU antes da Constituição Federal de 1988. A questão prática que surge, pois, é definir até onde o Tribunal pode ir no exercício desses novos poderes. E, aqui, é preciso ter em conta que o decurso do tempo tem relevância para fins de interpretação da norma, como destaca Aragão, citado por Moreira Neto:

A interpretação é um fenômeno histórico. Lei e Direito, ambos se apresentam à leitura que se lhes dê o intérprete no contexto de seu tempo, de modo que apenas captando-o adequadamente toma-se possível aplicá-los, uma e outro, para a realização da justiça, tomada no elevado sentido que as brilhantes mentes jurídicas contemporâneas a têm entendido, como um "ambicioso, alto, porém necessário nível de todo o Estado de Direito, que é a de instrumentar-se como um Estado de justiça".[119]

Sobre o tema, no mesmo sentido, oportuno transcrever a lição de Adilson Dallari:

> No passado era simplesmente impensável promover a responsabilidade do agente público pela insuficiência, inoperância ou má qualidade do serviço ou da obra. Atualmente, dada a relevância adquirida pelo controle dos resultados, metas e objetivos, passou a ser arriscado conferir atribuições de direção superior a apaniguados políticos, geralmente facciosos, despreparados ou mesmo corruptos. Cabe lembrar que os artigos 70 e 71 da Constituição Federal prescrevem o controle não só da legalidade, mas, sim, também, da economicidade da ação administrativa. Atos e contratos, ainda que lícitos, mas danosos ao erário ou ao patrimônio público (em sentido amplo) podem ser sancionados pelos Tribunais de Contas, inclusive por provocação do Ministério Público junto a esses Tribunais.[120]

Por um lado, para os defensores do poder intervencionista do TCU, a competência para tratar das questões operacionais implica a tomada de medidas que corrijam e reequilibrem aquelas que tenham defeitos desta natureza e que sejam emanadas pela agência reguladora em sua competência originária. Por outro, para aqueles que entendem de modo diverso, no sentido de que o TCU tem capacidade apenas de segunda

---

[119] MOREIRA NETO, Diogo de Figueiredo. Políticas públicas e parceiras: juridicidade, flexibilidade negocial e tipicidade na administração consensual. *Revista de Direito do Estado*, Rio de Janeiro, v. 1, p. 105-117, jan./mar. 2006. p. 105.

[120] DALLARI, Adilson Abreu. Privatização, eficiência e responsabilidade. In: MOREIRA NETO, Diogo de Figueiredo (Coord.). *Uma avaliação das tendências contemporâneas do direito administrativo*. Rio de Janeiro: Renovar, 2003.

ordem, não podendo ditar normas de caráter exclusivamente operacional, as decisões do Tribunal teriam que ter efeitos apenas sobre as agências, não podendo ultrapassar esse limite para interferir nas operações das empresas que praticam as atividades reguladas.

A matéria é polêmica, porém, na prática, a tese da competência ampliada tem prevalecido, conforme pode ser exemplificado com o seguinte julgado:

> [...] a atribuição de poderes explícitos, ao Tribunal de Contas, tais como enunciados no art. 71 da Lei Fundamental da República, supõe que se lhe reconheça, ainda que por implicitude, a titularidade de meios destinados a viabilizar a adoção de medidas cautelares vocacionadas a conferir real efetividade às suas deliberações finais, permitindo, assim, que se neutralizem situações de lesividade, atual ou iminente, ao erário público. Impende considerar, no ponto, em ordem a legitimar esse entendimento, a formulação que se fez em torno dos poderes implícitos, cuja doutrina, construída pela Suprema Corte dos Estados Unidos da América, no célebre caso McCulloch v. Maryland (1819), enfatiza que a outorga de competência expressa a determinado órgão estatal importa em deferimento implícito, a esse mesmo órgão, dos meios necessários à integral realização dos fins que lhe foram atribuídos. [...] É por isso que entendo revestir-se de integral legitimidade constitucional a atribuição de índole cautelar, que, reconhecida com apoio na teoria dos poderes implícitos, permite, ao TCU, adotar as medidas necessárias ao fiel cumprimento de suas funções institucionais e ao pleno exercício das competências que lhe foram outorgadas, diretamente, pela própria Constituição da República. (MS nº 24.510. Rel. Min. Ellen Gracie, voto do Min. Celso de Mello, j. 19.11.2003, P. *DJ*, 19 mar. 2004)

Assim, partindo do pressuposto de que a "teoria dos poderes implícitos permite, ao TCU, adotar as medidas necessárias ao fiel cumprimento de suas funções institucionais e ao pleno exercício das competências que lhe foram outorgadas, diretamente, pela própria Constituição da República", é que se passam a analisar as inspeções realizadas por esse órgão para avaliar as práticas de governança corporativa nas agências reguladoras que atuam no segmento de infraestrutura.

3 Componentes essenciais da governança

Já faz tempo que a boa governança deixou de ser vista pelo lado negativo, como ônus assumido pelas empresas com a finalidade exclusiva de evitar custos ainda maiores advindos de eventuais multas, perdas causadas à imagem corporativa ou danos sofridos em sua reputação empresarial, por descumprimento de normas e regras aplicáveis à atividade-fim. Atualmente, a boa governança pode ser apreciada pelo seu lado positivo, de excelência no cumprimento das missões institucionais, no zelo por observar as normas – internas e externas à entidade – que dão o contorno regulatório da sua atividade.

A partir do momento em que a boa governança transmite a segurança de que as operações daquele empreendimento são realizadas sobre sólidas bases éticas, em cumprimento às normas vigentes e que, por isso mesmo, são confiáveis, há um correspondente incremento na imagem corporativa e a governança deixa de ser custo e passa a ser investimento com retorno positivo, para a empresa, *stakeholders* e sociedade.

Mas o que seria a governança? Governança é o processo de tomada e implementação (ou não implementação) de decisão, seja numa entidade privada, seja num órgão público, devendo, em qualquer caso, a análise desse processo centrar sua atenção nos atores envolvidos e nas estruturas disponíveis para a tomada dessas decisões e sua implementação. A boa governança, no entanto, é um ideal difícil de ser alcançado totalmente, mas que deve ser perseguido de forma a torná-la uma realidade possível.[121]

---

[121] Tradução livre e adaptada do texto produzido por United Nations Economic and Social Commission for Asia and the Pacific. Cf. BANGKOK. United Nations ESCAP. *What is Good*

Para que se verifique se há uma boa governança é preciso que haja clareza quanto ao papel institucional da atividade desempenhada, sendo necessário, também, um processo institucionalizado de tomada de decisão. No caso das agências reguladoras, o papel institucional é dado pela lei (em alguns casos, pela própria Constituição Federal), enquanto o processo de tomada de decisão, se há ou não, é o que a fiscalização empreendida pelo TCU se propôs a verificar nos casos objeto desta pesquisa.

A rigor, nesses casos, as auditorias do TCU pretenderam analisar o grau de maturidade e os fundamentos que suportam o processo decisório das agências, porém, diante da limitação de recursos para promover uma auditoria ampla, a nova fiscalização, feita em 2013,[122] centrou seus esforços em dois componentes essenciais: a transparência quanto ao processo decisório e a indicação, nomeação e substituição dos dirigentes. Mas nem por isso pode-se dizer que o trabalho tenha sido perfunctório, de simples rotina, pois, no desempenho dessa tarefa, além de outros aspectos, a auditoria do Tribunal cuidou de analisar os mecanismos mais relevantes da governança do setor público.

4 Os resultados dos trabalhos de fiscalização do TCU nas agências

No curso da fiscalização que resultou no Acórdão nº 240/2015-Plenário (Processo 031.996/2013-2), o TCU examinou questões relativas (i) à estratégia organizacional; (ii) à autonomia decisória; (iii) à estabilidade da diretoria; (iv) aos conflitos de interesse; (v) à transparência; (vi) à política de

---

Governance? Disponível em: https://www.unescap.org/sites/default/files/good-governance.pdf. Acesso: 10 nov. 2018.

[122] Autorizada, em razão de deliberação constante do Acórdão nº 224/2013-TCU-Plenário (TC 044.446/2012-8) e objeto do Acórdão nº 240/2015- Plenário (Processo 031.996/2013-2).

gestão de riscos; (vii) à análise do impacto regulatório (AIR) e (viii) à autonomia financeira das agências. Como todas essas matérias são de grande relevância para que haja uma boa governança, convém sejam aqui apresentadas – ainda que de forma resumida – as conclusões a que chegou o TCU sobre cada uma delas.

4.1 Estratégia organizacional

Para que uma agência cumpra o mandato fixado pela norma que a criou, é preciso que a sua estratégia operacional esteja definida, que consiste na identificação de sua missão, dos seus objetivos, das metas para cada uma de suas principais atribuições e competências.

Além disso, é preciso, ainda, que esteja claramente definida a vinculação entre os objetivos estratégicos traçados para a agência e o plano de ação para a sua implementação, que consiste, por sua vez, na seleção das ações para alcançar os seus objetivos institucionais. Este tem que ser elaborado em uma base sustentável, a partir dos recursos humanos, materiais e financeiros que estejam disponíveis ou que possam ser disponibilizados em prazo compatível com o desenvolvimento das ações planejadas.

Também como forma de medir o atingimento dos objetivos estratégicos traçados, não pode ser olvidada a necessidade de haver indicadores para os resultados alcançados e para acompanhar e controlar o desempenho da agência.

Neste aspecto, o parecer do TCU que instrui o Acórdão nº 2.261/2011-TCU-Plenário (TC 012.693/2009-9) concluiu que as agências se encontravam em processo embrionário em termos de planejamento estratégico. É assim que se refere à matéria:

> Em suma, não existem mecanismos sistematizados hábeis a mensurar a atuação finalística das agências de maneira mais completa. Existem métodos de aferição implantados e em

implantação em algumas áreas específicas dessas autarquias, mas que não permitem uma avaliação, em termos gerais, se estão cumprindo a contento suas missões institucionais ou mesmo seu planejamento estratégico.

4.2 Autonomia decisória

A autonomia para a tomada das decisões está ligada diretamente aos recursos humanos da agência e não foi por outra razão que a Lei nº 9.986/2000 estabeleceu que os dirigentes dessas agências fossem nomeados pelo presidente da República, com mandatos por prazo fixo, não coincidente, e que tivessem a posse sujeita à aprovação do Senado Federal.

Assim dispõe a lei:

> Art. 5º O Presidente ou o Diretor-Geral ou o Diretor-Presidente (CD I) e os demais membros do Conselho Diretor ou da Diretoria (CD II) serão brasileiros, [...] devendo ser escolhidos pelo Presidente da República e por ele nomeados, após aprovação pelo Senado Federal, nos termos da alínea f do inciso III do art. 52 da Constituição Federal.[123]

A matéria é das mais relevantes e se relaciona com a autonomia decisória das agências regulatórias na medida em que estas devem ser dirigidas por pessoas que têm a legitimidade – que vem da sabatina do Senado – e que não podem ser demitidas a qualquer tempo pelo Poder Executivo. Descumprir este requisito de governança afronta, de modo irremediável, a lei que criou as agências e tem o efeito perverso de minar a credibilidade da regulação derivada dessas entidades, com todos os efeitos colaterais daí advindos, além de nulificar o objetivo de ter agências com competência e autonomia decisória para agir. Assim, não se pode falar em autonomia diante da

---

[123] "Art. 52. Compete privativamente ao Senado Federal: [...] III- aprovar previamente, por voto secreto, após arguição pública, a escolha de: [...] f) titulares de outros cargos que a lei determinar".

situação que se verifica quando dirigentes deixam seus postos nas agências reguladoras e são substituídos por interinos, ainda mais quando estes são nomeados pelo chefe do Poder Executivo, sem passar pela aprovação do Senado Federal. Faz sentido, pois, que o órgão de controle esteja atento à demora no processo de nomeação dos dirigentes das agências reguladoras. A respeito vale conferir a seguinte pesquisa realizada sob a coordenação do professor visitante da Universidade da Califórnia, Berkeley, e da Fundação Getulio Vargas, Bruno Meyerhof Salama:

> Há demora, mas ela não está no processo formal de nomeação. O processo formal de nomeação se inicia com a indicação pelo chefe do Poder Executivo. Na esfera federal, a indicação se aperfeiçoa com o envio da Mensagem Presidencial ao Senado Federal (MSF). O período médio entre o envio da MSF e a posse é de 77 dias. Em média, a fase de aprovação do Senado leva 36 dias, 23 dias para a nomeação e 10 dias para posse (a média geral não é a soma das médias). A demora está no período entre a saída do dirigente do cargo e a nova indicação. Entre a saída do dirigente e o envio da MSF costuma haver um interregno de 188 dias, em média.[124]

Os dados estatísticos consolidados, no entanto, não bastam para transmitir a noção exata do risco que a demora representa para a autonomia das agências. É preciso analisar cada caso e foi assim que agiu o TCU, chegando a um resultado que pode ser mais bem visualizado por meio da figura que constou do relatório de auditoria TC 031.996/2013-2,[125] com informações sobre os percentuais de vacância nos conselhos e diretorias das agências, no período de 1º.1.2010 a 31.12.2013:

---

[124] SALAMA, Meyerhof Bruno; BARRIONUEVO, Arthur (Coord.). *Processo de nomeação de dirigentes de agências reguladoras*: uma análise descritiva. Disponível em: https://direitosp.fgv.br/sites/direitosp.fgv.br/files/arquivos/GRP_arquivos/sumario_executivo_grp_-_pep_01.pdf. Acesso em: 17 nov. 2018.

[125] Disponível em: https://contas.tcu.gov.br/etcu/ObterDocumentoSisdoc?seAbrirDocNoBrowser=true&codArqCatalogado=8483229&codPapelTrarnitavel=52473774. Acesso em: 10 ago. 2018.

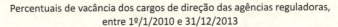

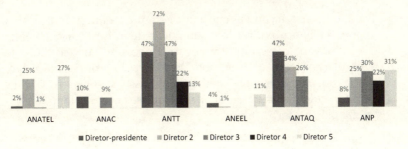

Percentuais de vacância dos cargos de direção das agências reguladoras, entre 1º/1/2010 e 31/12/2013

4.3 A estabilidade da diretoria da ANP

Para que a diretoria da agência reguladora possa ser independente para adotar as decisões mais alinhadas com os interesses da sociedade, é que a boa governança exige que os profissionais que compõem esse quadro tenham estabilidade, mandatos com prazos fixos e impedimento de demissão sem motivos justificáveis (*ad nutum*), sendo necessário que haja decisão judicial transitada em julgado ou processo administrativo disciplinar para justificar a remoção de um dirigente apontado pelo chefe do Poder Executivo e aprovado pelo Senado Federal. Ao afirmar que "o fator fundamental para garantir a autonomia da agência parece estar na estabilidade dos dirigentes", Sundfeld demonstra que a doutrina reconhece a importância deste elemento para o cumprimento da missão da agência.

É importante, todavia, ressaltar que alcançar o objetivo de conferir autonomia às agências reguladoras não é algo simples, apresentando desafios que advêm até mesmo do salutar processo de alternância de poder, comum em sociedades modernas, em que o modelo de Estado comporta a presença de agências reguladoras.

Sundfeld ilustra bem esta situação, na seguinte passagem:

> Em uma época certa agência age com toda a autonomia, dali a pouco o Executivo recobra seu poder de influir, e assim segue a luta. Nada disso importa negativa do valor e necessidade de regulação – que, de resto, pode ser feita pelo próprio Executivo, se assim entender a lei -, tampouco fracasso ou sucesso dos entes independentes; trata-se, apenas, de nossa já conhecida, a eterna luta pelo poder.[126]

Ciente de que o processo é volátil, com marchas e recuos, Sérgio Guerra, em estudo que aborda alguns pontos que ainda precisam ser aprimorados na regulação brasileira, chama atenção para a importância que a fixação do mandato tem para a preservação da independência das agências norte-americanas:

> A independência de algumas agências foi detectada como sendo uma questão complexa, que, principalmente, se materializa no mandato fixo (tenure) e no balanceamento nas indicações dos membros entre os dois maiores partidos políticos (Republicano e Democrata). Isso se deve à necessidade de evitar as pressões políticas, notadamente do Chefe do Poder Executivo que, na maioria das vezes, pertence a um desses dois partidos. Os dirigentes das agências reguladoras são indicados (appointments) pelo Presidente da República e confirmados ou não pelo Senado Federal conforme Artigo 11 da Constituição americana.[127]

Diante da importância que esse requisito de governança tem para a autonomia das agências, o TCU recomendou que fosse excluída do texto da Lei nº 10.233/2001 (que dispôs sobre transportes terrestres e aquaviários e criou a ANTT e a Antaq) a expressão "descumprimento manifesto de suas atribuições", que fora incluída naquela norma como uma das possibilidades

---

[126] SUNDFELD, Carlos Ari. Serviços públicos e regulação estatal. *In*: SUNDFELD, Carlos Ari (Org.). *Direito administrativo econômico*. São Paulo: Malheiros, 2000. p. 25.
[127] GUERRA, Sérgio. Aperfeiçoando a regulação brasileira por agências quais lições podem ser extraídas do sesquicentenário modelo norte-americano? *In*: GUERRA, Sérgio (Coord.). *Teoria do Estado regulador*. Lisboa: Juruá, 2015. p. 67.

de perda de mandato pelo diretor dessas agências. Isto porque se trata de expressão muito ampla, que permite arbitrariedade e, por isso mesmo, atenta contra as boas práticas de governança. A sugestão de alteração normativa foi decidida pelo Plenário do TCU, por meio do Acórdão nº 240/2015, nos seguintes termos:

> 9.6. recomendar à Casa Civil da Presidência da República, com fulcro no art. 250, inciso III, do Regimento Interno TCU, que, no âmbito de suas competências, envide esforços para: 9.6.1. a alteração do art. 56 da Lei nº 10.233/2001 a fim de excluir a expressão "descumprimento manifesto de suas atribuições", visto ser conceito jurídico indeterminado que pode levar ao estabelecimento de hipóteses desarrazoadas e imotivadas para a exoneração de Diretores e Conselheiros das agências reguladoras, com efeitos danosos à autonomia decisória dessas entidades, e por conseguinte à governança regulatória.

Ainda que a demissão esteja restrita aos casos previstos expressamente em norma clara e sem lacuna, no entanto, não há impedimentos para a renúncia do dirigente da agência, que pode ser motivada ou não. Com isso, é preciso definir as formas de substituição dos diretores, nos casos de vacância, para evitar que a agência perca sua capacidade de decidir, em virtude da limitação de quórum.

Foi com base neste relevante motivo que a Presidente Dilma Rousseff editou decreto, publicado em 21.3.2012, autorizando que "durante o período de vacância de cargo de diretor, que impeça a existência de quórum para as deliberações da diretoria, o ministro de Estado dos Transportes poderá designar servidor do quadro de pessoal efetivo da ANTT como interino até a posse do novo membro da diretoria".

Como, no entanto, a nomeação do membro titular da diretoria depende de iniciativa do chefe do Poder Executivo, chama atenção o fato de não ter havido forte reação do Poder Legislativo contra este movimento, que, ao mesmo tempo em que se justifica como uma medida necessária para dar eficácia à agência reguladora, também poderia ser interpretado como um avanço do Poder Executivo sobre as fronteiras que separam as competências de cada um dos poderes da República.

A nomeação de substitutos temporários pode ser justificável como medida extraordinária e temporária, visando exclusivamente garantir o quórum necessário à adoção de medidas urgentes, que não possam aguardar a demora natural que a indicação do membro titular pode ter, até que os procedimentos formais de sua aprovação pelo Senado sejam adotados. No entanto, tomando-se como base a opinião exarada pelo TCU no parecer que respalda o Acórdão nº 240/2015- Plenário (Processo 031.996/2013-2), a situação, na prática, é diversa, pois o Poder Executivo nomeia interinos que ocupam os cargos por tempo indeterminado. Em alguns casos, os interinos se revezam, uns substituindo outros, em sistema de rodízio.

Em voto apartado, o Ministro Bruno Dantas chama atenção para o problema:

> A unidade técnica destaca que, nas três agências fiscalizadas que possuem regulamentos de substituição de diretores (Anatel, ANTT e Antaq), a prática demonstra que os interinos se perpetuam nos cargos, situação ocasionada pela demora na indicação e nomeação de titulares. As outras três agências avaliadas (ANP, Aneel e Anac) permanecem sem regras de substituição de Diretores definidas em seus regulamentos, nos casos de vacância desses cargos.

Para o TCU, ao deixar de fazer as indicações dos titulares dos cargos nas agências reguladoras, na forma exigida pela lei, o Poder Executivo alija o Senado da participação mandatória que deveria ter no processo de indicação desses diretores, o que representa uma burla ao sistema de indicação e fragiliza a autonomia decisória das agências.

A posição do TCU fica clara na seguinte passagem do relatório que instrui o Acórdão nº 240/2015:

Apesar de os Diretores/Conselheiros interinos, nas ausências dos titulares, amenizarem a paralisia decisória dos colegiados das agências, a ocupação perene desses cargos por interinos, que são indicados exclusivamente pelo Executivo, fere ao mesmo tempo a autonomia decisória dessas entidades, pois podem ser afastados do cargo a qualquer momento, e a legitimidade dos indicados, outorgada somente àqueles que são avaliados pelo Poder Executivo e pelo Poder Legislativo, e configura burla ao processo legal de indicação e nomeação, pois impede o Senado Federal de exercer suas competências.

4.4 Conflito de interesse

Um dos aspectos mais importantes da governança é o conflito de interesse, que ocorre, por exemplo, quando o dirigente ou conselheiro deixa a agência para trabalhar no setor privado, em empresas reguladas.

Neste aspecto, a solução geralmente adotada para lidar com o conflito é a que retira do mercado de trabalho, temporariamente (quarentena), o dirigente que deixa a agência reguladora e leva informação privilegiada ou relevante dos setores regulados e que poderia, sem a quarentena, ser aproveitada pelo setor privado. O prazo aqui tem relevância para definir o pagamento de remuneração do dirigente, durante o período da quarentena, sendo esta questão também objeto de polêmica, na medida em que o Poder Legislativo entende que a remuneração não é obrigatória, enquanto o Poder Executivo pensa de modo distinto, certamente motivado pela necessidade de atrair, para as agências reguladoras, pessoas qualificadas e que, portanto, demandam maiores remunerações.

Assim, visando apurar o prazo a ser recomendado para a situação das agências reguladoras brasileiras é que o TCU constatou que há arcabouço jurídico vigente tratando da matéria, mas que também há divergência entre os prazos que podem ser aplicados, o que gera dúvidas em relação à aplicação da regra: a MP nº 2.225, de 4.9.2001, fixa em 4 meses; a Lei nº 9.986, de 18.7.2000, que é a Lei de Recursos Humanos das agências, também fixa o prazo em quatro meses, mas a Lei nº 9.427, de 26.12.1996, de criação da ANEEL, e a Lei nº 9.478, de 6.8.1997, de criação da ANP, fixam em um ano. Já a Lei nº 12.813, de 16.5.2013, que trata da questão do conflito de interesses, prevê que tal prazo seja de seis meses. E há casos de leis que criaram agências e não fixaram o prazo para a quarentena.

Caberia aplicar aos dirigentes as leis que criaram a ANEEL e a ANP ou o prazo para estes poderia ser da norma que trata especificamente de conflito de interesses? A interpretação sistemática permite concluir que o prazo que deve ser aplicado é o de seis meses, previsto na Lei nº 12.813/2013, por ser esta a norma mais recente que trata da matéria e que teria, neste particular, revogado tacitamente as demais disposições, por serem com ela conflitantes. Mas a questão não está pacificada.

O parecer do TCU lida de forma sensível com a questão, ponderando, por um lado, que a quarentena não remunerada implica ônus imposto ao indivíduo e, de outro, que é preciso minimizar o risco de o agente usar a informação privilegiada que possui. Na busca do equilíbrio, o TCU concorda – em relação ao prazo da quarentena – com a recomendação feita pela Organização para a Cooperação e Desenvolvimento Econômico (OCDE), de que os prazos para aquelas áreas que têm maior risco devem ser maiores que os de outras áreas, com riscos menores. Para a OCDE, o prazo ideal para a quarentena varia entre um e dois anos. No que tange à remuneração, no entanto, o TCU entende que o pagamento deve ser feito por um prazo de seis meses e deve ir além dos diretores, sendo aplicável a todos os funcionários da agência que tenham acesso a informações sensíveis e que possam ser usadas pelas empresas reguladas.

4.5 A transparência

Sérgio Guerra aponta que "a sociedade atual necessita de uma governança pública orientada, especialmente, para a transparência dos resultados alcançados com a ação governamental", refletindo, nestas palavras, a posição doutrinária pacífica de que a transparência também é um requisito essencial para a boa governança, podendo ser considerada um dos pilares centrais que sustentam a confiança da sociedade na atuação da agência reguladora, por ser ferramenta útil na elaboração de regulamentos mais seguros e menos influenciados pelos interesses particulares.

A transparência gera informação com maior qualidade e permite uma maior concorrência nos mercados regulados, além de facilitar a participação da sociedade na vida regulatória, contribuindo para a maior legitimidade dos atos praticados pelas agências.[128] A transparência tem, ainda, um elemento educativo, que funciona como indutor do comportamento que a autoridade espera que tenha o regulado. A propósito, Zymler cita o sociólogo alemão Luhmann, para quem "legítimas são as decisões nas quais pode-se supor que qualquer terceiro espere normativamente que os atingidos se ajustem cognitivamente às expectativas normativas transmitidas por aqueles que decidem". Segundo o filósofo, a legitimidade pode ser incrementada pela implantação de processos que a garantam, como pode ser visto na seguinte passagem:

> O subsistema jurídico evoluiu no sentido de implantar um mecanismo filtrante, cuja função é [...] evitar a formação de expectativas cognitivas contrárias às decisões jurídicas. Esse mecanismo é a implantação de processos regulamentados juridicamente antecedentes às decisões jurídicas. Como afirma Luhmann, "os processos têm, assim, por objetivo especificar os

---

[128] GUERRA, Sérgio. *Agências reguladoras*: da administração da organização administrativa piramidal a governança em rede. Belo Horizonte: Fórum, 2012. p. 26.

temas conflitantes, antes do desencadeamento da força física, no sentido de isolar e despolitizar o relutante, enquanto indivíduo".[129]

Em seu relatório de fiscalização que serve de base para o Acórdão nº 240/2015, o TCU qualifica como transparente a entidade que não "oculta nada". Há que se colocar luz sobre as decisões tomadas pelas agências reguladoras, como quer o TCU, e também sobre os procedimentos de fiscalização, sobre os processos, sobre as penalidades, sobre as medidas educativas, sobre as audiências públicas e sobre o processo de elaboração de norma, mas é preciso também ponderar que a transparência não precisa ser a prestação de toda e qualquer informação, como as relativas a questões estratégicas, sensíveis ou políticas. Isso porque essa maximização da informação pode ser contraproducente para a agência reguladora, sem um benefício correspondente para a sociedade.

Dessa forma, a leitura que se deve fazer da expressão adotada pelo TCU ("não ocultar nada") seria a de que será transparente a entidade que prestar todas as informações que sejam necessárias para permitir o controle de suas ações pela sociedade.

4.6 Política de gestão de riscos

Estando diante de um risco, é preciso que a agência reguladora o avalie, de modo a ter base para decidir como deve com ele lidar: se vai evitá-lo, aceitá-lo, reduzi-lo ou compartilhá-lo. É preciso que fórmulas sejam estabelecidas para determinar padrões de decisão diante de tipos específicos de risco (*e.g.*, risco com alto potencial de materialização e risco com potencial de causar danos desastrosos precisam ser segurados).

---

[129] LUHMANN *apud* ZYMLER, Benjamin. Política, direito e reforma do Estado: uma visão funcional-sistêmica. *Revista de Informação Legislativa*, Brasília, ano 37, n. 147, p. 39-40, jul./set. 2000.

Nesta linha, vale citar que, a despeito de ter sido criado pelo TCU um modelo de gestão de risco, envolvendo as suas diversas etapas, a auditoria constatou, como fica evidenciado no relatório do Acórdão nº 240/2015, que houve um retrocesso em relação à fiscalização anterior (objeto do Acórdão nº 2.261/2011) e que a gestão de riscos das agências reguladora era "ainda mais baixa do que a que foi declarada anteriormente. Verificou-se que nenhuma agência dispõe de política formalizada de gestão de riscos".

Para as agências reguladoras, a forma de lidar com o risco demonstra o grau de maturidade e a sua capacidade de decidir, já que essa gestão é parte intrínseca ao processo de tomada de decisão. Naturalmente, sem uma política de risco, a maturidade da agência é baixa e sua capacidade de decidir limitada.

4.7 Análise do impacto regulatório

A análise do impacto regulatório (AIR) é ferramenta que permite aprimorar a regulação, fazendo com que esta seja eficiente, ou tão eficiente quanto possível, no sentido de alcançar o objetivo regulatório ao menor custo para a sociedade, também garantindo que a norma somente seja editada se o custo para a sociedade for menor que o benefício a ela proporcionado.

As técnicas mais avançadas de implementação da AIR como mecanismo de controle da qualidade da regulação propõem que haja um comprometimento político com ela; que responsabilidades sejam alocadas; que os reguladores sejam treinados; que o método seja consistente, mas flexível; que haja estratégia de coleta de dados, entre outras, mas é também importante que a AIR sirva para desenvolver políticas baseadas em evidências, demonstrando a razão da norma, a opção de não regular, os custos e os benefícios das medidas para os diversos interessados e os riscos associados ao não atingimento dos objetivos. E a sociedade tem que conhecer esses dados.

O TCU concluiu, por ocasião do Acórdão nº 2.261/2011, que esta ferramenta não era usada adequadamente pelas agências, impedindo que a sociedade fosse beneficiada pelo que a AIR pode proporcionar de melhor: poupar dinheiro público. Na medida em que se saiba o impacto que a norma provoca, há a possibilidade de direcionar o uso dos recursos escassos para produzir normas que tenham maior eficácia, que alcancem um número maior de beneficiários, que gere um maior retorno para a sociedade.

Neste particular, contudo, o Acórdão nº 240/2015 permite concluir que a ferramenta ganhou relevância e passou a ser adotada pelas agências, como fica patente na seguinte passagem do relatório que o instrui:

> Verifica-se que ocorreram treinamentos e tentativas iniciais de uso da Análise de Impacto Regula tório, resultando na adoção de boas práticas, como a de instituir a obrigatoriedade de uso da ferramenta e a de elaborar manuais internos de orientação. Contudo, é preciso avançar e acelerar a disseminação dessa ferramenta, visto que nossas agências estão muito atrasadas em relação aos seus pares internacionais e a sociedade não têm se beneficiado do aumento da transparência e da qualidade das decisões regulatórias resultantes do uso da AIR.

4.8 A autonomia financeira das agências

Para que possam evitar cortes orçamentários derivados de opções políticas, as agências devem possuir autonomia financeira, com orçamentos elaborados em bases plurianuais. Contudo, a realidade que se verifica nas agências é bastante distinta: não têm autonomia, os contingenciamentos são comuns, não há estabilidade quanto à entrada de recursos para o cumprimento de suas obrigações e seus orçamentos não são separados dos orçamentos de outras entidades governamentais.

Para que as agências reguladoras fiquem protegidas contra os descontroles de gastos em outras áreas do setor público é que o TCU recomendou a tomada de providências para dar autonomia financeira às agências deficitárias, porém, ao mesmo tempo, sugeriu providências para evitar o superávit daquelas que o têm, com o objetivo de que os regulados não sejam onerados excessivamente por estas últimas.

5 Parecer do TCU sobre a governança das agências

As conclusões a que chegou o TCU por meio da fiscalização que resultou no Acórdão nº 240/2015, em seus trabalhos de fiscalização das agências reguladoras na infraestrutura do Brasil, foram no sentido de que as agências não têm tratamento orçamentário distinto daquele recebido pelos demais órgãos da Administração, têm forte contingenciamento dos recursos, têm problema com a quarentena dos dirigentes, além da demora na indicação destes, no caso de impedimento ou vacância. Além disso, têm falhas nos mecanismos para a divulgação das suas ações, têm baixa participação da sociedade, não têm gerenciamento dos riscos nem análise do impacto regulatório. Esta conclusão foi sintetizada na seguinte passagem do relatório que instruiu o Acórdão nº 240/2015:

> Destaca-se a necessidade de serem criados padrões mínimos de governança para as agências reguladoras, traduzido em um conjunto de práticas e regras que possam assegurar autonomia, transparência e tecnicidade do processo decisório, institucionalização de estratégias organizacionais e de gestão de riscos, participação dos atores envolvidos nas decisões regulatórias, accountability, dentre outros fatores.

Em suma, as agências reguladoras não atingem hoje as condições para que o processo decisório seja transparente e não sofra ingerência, tampouco fazem uso de estratégia organizacional para orientar a gestão e alavancar as políticas públicas.

Antes que se conclua que não há qualquer qualidade nas agências, no entanto, é preciso ter em conta a posição expressada por Sundfeld acerca da qualidade superior que tem o Banco Central do Brasil na função de órgão regulador:

> No Brasil, o sistema financeiro foi o primeiro a ganhar um órgão regulador bem-organizado. O Banco Central – a agência reguladora de maior tradição no Brasil – exerce um poder regulador exemplar, de modo a influenciar as práticas das demais agências existentes.[130]

6 Conclusão: uma proposta para o caso de vacância

Em relação à nomeação dos dirigentes, o TCU recomendou – às agências que não apresentam em seus regimentos internos uma previsão para nomeação de dirigentes em caso de vacância – que estabeleçam um prazo máximo para que a vaga seja ocupada por membro interino, exigindo que a recondução no cargo, após a expiração do prazo originalmente fixado, seja devidamente justificada pelo Poder Executivo.

Do ponto de vista prático, a sugestão do TCU precisa superar um grande desafio, haja vista que a nomeação de dirigente interino já denota que o Poder Executivo apresenta alguma resistência para fazer a nomeação do dirigente titular, não havendo razão para concluir que o chefe do Poder Executivo, se já não atende àquele mandamento legal, terá mais empenho para atender a essa exigência, de mesma natureza, imposta pela agência.

Existe ainda outra dificuldade a ser levantada acerca da sugestão feita pelo TCU. É que, uma vez que esteja vencido o

---

[130] SUNDFELD, Carlos Ari. Direito público e regulação no Brasil. *In*: GUERRA, Sérgio (Org.). *Regulação no Brasil*: uma visão multidisciplinar. Rio de Janeiro: FGV, 2014. p. 120.

mandato do dirigente interno, sem que um dirigente titular tenha sido nomeado, a agência volta à situação de vacância, sem ao menos ter a possibilidade de uma nova nomeação de diretor interino para dar curso às suas obrigações institucionais. Acatar a sugestão pode ter o efeito que Baldwin chama de perverso, contrário ao objetivo pretendido pelo TCU na recomendação proposta.[131]

Nesse ponto, uma sugestão mais razoável poderia ser, talvez, estabelecer em lei um prazo para que a indicação do dirigente seja feita pelo Poder Executivo, e, superado este prazo sem que a indicação seja feita, a indicação passaria, então, a ser de competência do chefe do Poder Legislativo, que também a submeteria à aprovação do Senado.

Tratar-se-ia, aqui, de conferir uma sistemática semelhante à que a Comissão de Juristas, incumbida de elaborar propostas de aperfeiçoamento da gestão governamental e do sistema de controle da Administração Pública, recentemente introduziu ao PL nº 6.621/2016,[132] segundo a qual, se, durante o processo de

---

[131] BALDWIN, Robert; CAVE, Martin; LODGE, Martin. *Understanding regulation*: theory, strategy and practice. Oxford: Oxford University Press, 2012. p. 59-73.

[132] Em outubro de 2018 foi consolidado o Relatório Final da Comissão de Juristas incumbida de elaborar propostas de aperfeiçoamento da gestão governamental e do sistema de controle da Administração Pública, presidida pelo Ministro Bruno Dantas do TCU na Câmara dos Deputados. No relatório, a parte que toca às agências reguladoras abordou, especificamente, os critérios de recrutamento de dirigentes das autarquias especiais, que passou a ser mais rigoroso do ponto de vista técnico. Neste ponto, a contribuição da Comissão de Juristas alterou a Lei nº 9.986/2000 (Lei das Agências Reguladoras) para propor, entre outras hipóteses, uma Comissão Técnica de pré-seleção, composta por 5 especialistas no campo de atividade da agência reguladora, com reputação ilibada, que ficarão responsáveis por constituir uma lista tríplice dos dirigentes para posterior submissão à aprovação do Senado Federal (art. 44, §1º). Nesse sentido, o art. 5º da Lei nº 9.986/2000, com as alterações do PL nº 6.621/2016, passa a vigorar com a seguinte redação: "Art. 5º O Presidente, Diretor-Presidente ou Diretor Geral (CO I) e os demais membros do Conselho Diretor ou da Diretoria Colegiada (CD II) serão brasileiros, indicados pelo Presidente da República e por ele nomeados, após aprovação pelo Senado Federal nos termos da alínea "f" do inciso III do art. 52 da Constituição Federal, entre cidadãos de reputação ilibada e de notório conhecimento técnico devidamente comprovado no campo da especialidade da agência reguladora, devendo ser atendido 1 (um) dos requisitos das alíneas "a", "b" e "c" do inciso I e, cumulativamente, o inciso II: I - ter experiência profissional de, no mínimo: a) 10 (dez) anos, no setor público ou privado, no campo de atividade da agência reguladora ou em área a ela conexa, em função de direção superior; ou b) 4 (quatro) anos ocupando pelo menos um dos seguintes cargos: 1. cargo de direção ou de chefia superior

recrutamento de dirigentes de autarquias especiais a Comissão Técnica responsável pela pré-seleção dos dirigentes não formular a lista tríplice no prazo de 120 dias, essa prerrogativa será transferida para o presidente da República, que poderá fazê-lo em até 60 dias (art. 44, §6º).[133]

Na sugestão que este artigo faz, o decurso do prazo, sem que a indicação fosse feita, serviria como comprovação da renúncia ao exercício de um direito/dever pelo chefe do Poder Executivo. Seria ainda uma forma de punir a inação do Poder Executivo em oferecer meios para que a agência reguladora, sempre criada por lei, possa cumprir com os seus objetivos institucionais. Além disso, serviria também como forma de inibir o Poder Executivo de adiar indefinidamente a prerrogativa de realizar a indicação, o que poderia levar a agência, em termos práticos, a uma impossibilidade de operar, por falta de quórum para deliberações.

Por fim, nessa mesma linha de criar estímulos para que os mandamentos legais sejam cumpridos e, com isso, os interesses da sociedade sejam atendidos, caberia incluir, nessa norma, que, no caso de o chefe do Poder Legislativo também falhar em realizar a indicação num prazo igualmente assinalado, o poder de nomear o diretor da agência reguladora com vaga volta ao Poder Executivo, dispensada a aprovação do Senado.

---

em empresa no campo de atividade da agência reguladora, entendendo-se como cargo de chefia superior aquele situado nos 2 (dois) níveis hierárquicos não estatutários mais altos da empresa; 2. cargo em comissão ou função de confiança equivalente a DAS-4 ou superior, no setor público, no campo de atividade da agência reguladora; 3. cargo de docente ou de pesquisador no campo de atividade da agência reguladora em área conexa; ou c) 10 (dez) anos de experiência como profissional liberal no campo de atividade da agência reguladora ou em área conexa; e II - ter formação acadêmica superior, com comprovada capacitação técnica compatível com o cargo para o qual foi indicado" Cf. a integra do Relatório Final em: https://www2.camara.leg.br/atividade-legislativa/comissoes/grupos-de-trabalho/55a-legislatura/comissao-de-juristas-administracao-publica/documentos/outrosdocumentos/relatorio-final. Acesso em: 17 nov. 2018.

[133] Dispõe o art. 44, §6º, da Lei nº 9.986/00, com as alterações do PL nº 6.621/16: "§6º Caso a Comissão Técnica não formule a lista tríplice nos prazos previstos no §1º, o Presidente da República poderá indicar, em até 60 (sessenta) dias, pessoa que cumpra os requisitos indicados no caput".

Referências

BALDWIN, Robert; CAVE, Martin; LODGE, Martin. *Understanding regulation*: theory, strategy and practice. Oxford: Oxford University Press, 2012.

BANGKOK. United Nations ESCAP. *What is Good Governance?* Disponível em: https://www.unescap.org/sites/default/files/good-governance.pdf. Acesso: 10 nov. 2018.

BRASIL. Tribunal de Contas da União. *Acórdão 2.261/2011*. Disponível em: https://contas.tcu.gov.br/sagas/SvlVisualizarRelVotoAcRtf?codFiltro=SAGAS-SESSAO-ENCERRAOA&seOcultaPagina=S&item0=57991. Acesso em: 1º nov. 2018.

BRASIL. Tribunal de Contas da União. *Acórdão 240/2015*. Disponível em: https://contas.tcu.gov.br/sagas/SvlVisualizarRelVotoAcRtf?codFiltro=SAGAS-SESSAO-ENCERRADA&seOcultaPagina=S&item0=517715. Acesso em: 1º nov. 2018.

BRASIL. Tribunal de Contas da União. *Referencial Básico de Governança aplicável a órgãos da Administração Pública*. Disponível em: https://portal.tcu.gov.br/lumis/portal/file/fileDownload.jsp?fileid=8A8182A14DDA8CE1014DDFC35CA83C74. Acesso em: 17 nov. 2018.

BRASIL. Tribunal de Contas da União. *TC 031.996/2013-2*. Disponível em: https://contas.tcu.gov.br/etcu/ObterDocumentoSisdoc?seAbrirDocNoBrowser=true&cÓdArqCatalogado=8483229&codPapelTramitavel=52473774. Acesso em: 10 ago. 2018.

DALLARI, Adilson Abreu. Privatização, eficiência e responsabilidade. *In*: MOREIRA NETO, Diogo de Figueiredo (Coord.). *Uma avaliação das tendências contemporâneas do direito administrativo*. Rio de Janeiro: Renovar, 2003.

GUERRA, Sérgio. *Agências reguladoras*: da administração da organização administrativa piramidal a governança em rede. Belo Horizonte: Fórum, 2012.

GUERRA, Sérgio. Aperfeiçoando a regulação brasileira por agências quais lições podem ser extraídas do sesquicentenário modelo norte-americano? *In*: GUERRA, Sérgio (Coord.). *Teoria do Estado regulador*. Lisboa: Juruá, 2015.

GUERRA, Sérgio. *Discricionariedade, regulação e reflexividade*: uma nova teoria sobre as escolhas administrativas. 4. ed. rev. e atual. Belo Horizonte: Fórum, 2017.

KRELL, Andreas J. A recepção das teorias alemãs sobre "conceitos jurídicos indeterminados" e o controle da discricionariedade no Brasil. *Interesse Público*, Belo Horizonte, v. 5, n. 23, jan. 2004.

LUHMANN *apud* ZYMLER, Benjamin. Política, direito e reforma do Estado: uma visão funcional-sistêmica. *Revista de Informação Legislativa*, Brasília, ano 37, n. 147, jul./set. 2000.

MOREIRA NETO, Diogo de Figueiredo. Juridicidade, pluralidade normativa, democracia e controle social: reflexões sobre alguns rumos do direito público neste século. *In*: ÁVILA, Humberto (Org.). *Fundamentos do Estado de direito*: estudos em homenagem ao professor Almiro do Couto e Silva. São Paulo: Malheiros, 2005.

MOREIRA NETO, Diogo de Figueiredo. Políticas públicas e parceiras: juridicidade, flexibilidade negocial e tipicidade na administração consensual. *Revista de Direito do Estado*, Rio de Janeiro, v. 1, p. 105-117, jan./mar. 2006.

SALAMA, Meyerhof Bruno; BARRIONUEVO, Arthur (Coord.). *Processo de nomeação de dirigentes de agências reguladoras*: uma análise descritiva. Disponível em: https://direitosp.fgv.br/sites/direitosp.fgv.br/files/arquivos/GRP_arquivos/sumario_executivo_grp_-_pep_01.pdf. Acesso em: 17 nov. 2018.

SANTOS, Floriano Marques Azevedo. Decisão do Tribunal de Contas da União consagra "indeferência" à regulação. Disponível em: https://www.conjur.com.br/2018-ago-17fopiniao-decisao-tcu-consagra-indeferenciaregulacao#author. Acesso em: 17 nov. 2018.

SUNDFELD, Carlos Ari. Serviços públicos e regulação estatal. *In*: SUNDFELD, Carlos Ari (Org.). *Direito administrativo econômico*. São Paulo: Malheiros, 2000.

ZYMLER, Benjamin. Política, direito e reforma do Estado: uma visão funcional-sistêmica. *Revista de Informação Legislativa*, Brasília, ano 37, n. 147, p. 35-49, jul./set. 2000.

Informação bibliográfica deste texto, conforme a NBR 6023:2018 da Associação Brasileira de Normas Técnicas (ABNT):

DANTAS, Bruno; GOMES, Valdecyr Maciel. A governança nas agências reguladoras: uma proposta para o caso de vacância. *In*: DANTAS, Bruno. *Consensualismo na Administração Pública e regulação*: reflexões para um Direito Administrativo do século XXI Belo Horizonte: Fórum, 2023. p. 93-122. ISBN 978-65-5518-595-9.

A TRANSPARÊNCIA DECISÓRIA NAS AGÊNCIAS REGULADORAS E A PRESTAÇÃO DE CONTAS AO CIDADÃO

BRUNO DANTAS
ALEXANDRE FREIRE

Desde a década de 1930, com o fim da Era *Lochner*, e com a reconstrução promovida pelas políticas do então Presidente Franklin Roosevelt após a crise de 1929, começou-se a ver, no mundo ocidental, uma atuação cada vez mais incisiva das instituições estatais no domínio econômico. Sem querer entrar na ponderação dos riscos de falhas de governo que a migração desse modelo institucional pode comportar, e colocando-se em suspenso avaliações sobre a possibilidade de modelos alternativos terem chegado ao resultado buscado mais eficientemente, é perceptível que essa matriz perdura até o presente momento.

À época, os desafios eram outros. No cenário norte-americano, no âmbito daquilo que tradicionalmente passara a integrar o domínio do "direito regulatório", o principal desafio estava no setor energético. Mais especificamente, objetivava-se ampliar a eletrificação do país, especialmente fora dos rincões que foram beneficiados pela industrialização. Os habitantes dessas regiões, normalmente localizadas fora do "Cinturão de

Aço", ainda viviam como seus avós em meados do século XIX. Foram ações como a eletrificação do Vale do Rio Tennessee que ajudaram a diminuir esse *gap* em estados como Alabama, Mississipi, Kentucky, Geórgia e Tennessee, entre outros.

Os anos passaram e, mesmo com os percalços da 2ª Grande Guerra, já na década de 1950, os EUA já atingiam um nível de acesso notável à eletricidade, com um nível de conforto sem precedentes em sua história. Já não era mais necessário buscar e carregar lenha para gerar calor e fogo para que as pessoas pudessem cozinhar, aquecer-se e obter iluminação. Também não era necessário gastar boa parte do tempo para que as roupas fossem lavadas nem era necessário se preocupar em conservar alimentos com técnicas como fermentação, salga ou defumação, quando isso era possível. Essa ampliação da rede, da capacidade de geração e do mercado consumidor gerou um *feedback loop* positivo no sentido de permitir que essa ampliação da oferta de eletricidade ao consumidor alimentasse a demanda doméstica de vários produtos que dela dependem para funcionar (geladeiras, máquinas de lavar, fogões elétricos etc.). Isso proporcionou, no agregado, economias de escala e de escopo, viabilizando um salto na qualidade de vida dos consumidores inédita na história registrada da humanidade.

No entanto, com todo esse progresso tecnológico que já faz parte do quotidiano da humanidade mesmo em economias em desenvolvimento, há uma complexidade informacional subjacente de difícil compreensão pelo consumidor mediano. E essa complexidade, a seu turno, acaba integrando as rotinas e os fluxos das agências governamentais que precisam formular políticas públicas de universalização de serviços e regulamentar a atuação dos *players* privados que atuam no desenvolvimento de aplicações e soluções que estejam compreendidos nas cestas de tais políticas.

Paralelamente a isso, deve ser acrescentado que a atuação regulatória governamental não se limitou ao setor elétrico. Com o passar do tempo, novas áreas foram sendo incorporadas aos domínios de tal atividade, a exemplo do que ocorreu com o uso do espectro de radiofrequência (tema este que ganhou um contorno singular após a publicação do artigo seminal de Ronald Coase em 1959 sobre a *Federal Communications Comission*, recebido inicialmente com certa oposição pela comunidade acadêmica) como um recurso escasso e que, portanto, deveria ser objeto de alocação de direitos de propriedade. Ainda como exemplo, também se cite o mercado de aviação civil (desde os *slots* nos terminais aeroportuários até as rotas exploradas). Além disso, temas como meio ambiente, abastecimento de água e serviços de esgotamento sanitário, planos de saúde e transportes também entraram nessa agenda.

Por sua vez, os consumidores, enquanto trabalhadores, tiveram de se especializar em nichos de informação cada vez mais específicos e fragmentários para o exercício de suas atividades. No entanto, adquirir informação tem um custo de oportunidade e, assim, o tempo dedicado para se obter mais informação para a execução do próprio trabalho implica menos informação adquirida em relação a outros tipos de conhecimento e em relação a outras atividades, inclusive conhecimentos sobre os aspectos dos serviços públicos consumidos. Numa síntese: é racional pressupor que as pessoas não adquirirão informações sobre os aviões em que voarão, nem sobre como é transmitida sua voz ao interlocutor em uma chamada. Simplesmente não há tempo para isso, pois a racionalidade dos agentes econômicos como um todo é limitada por definição.

Essa circunstância se agrava quando se leva em consideração o impacto que o ritmo acelerado da vida contemporânea tem sobre os regimes de memória e esquecimento, como observa a filósofa e professora titular de Teoria da Comunicação da UFF, Maria Cristina Ferraz, em sua obra *Homo deletabilis: corpo, percepção, esquecimento: do século XIX ao XXI* (2010). A pressa, como resultado da pressão por eficiência e produtividade que marcam as relações de trabalho, é fator central no aniquilamento do saber.

Assim, percebe-se um constante aumento do nível de assimetria de informação entre o cidadão/consumidor e as instituições estatais que regulam serviços públicos. A partir da leitura que ora se faz, essa assimetria decorre de uma série de fatores, tais como: ausência de tempo disponível, esquecimento, aumento da cesta de serviços estatais que são marcados por um ambiente tecnicamente complexo, aumento do estoque informacional mínimo necessário para o domínio técnico da atividade regulada em decorrência do surgimento de novas tecnologias etc.

Nesse contexto, é razoável supor que haja uma desconfiança natural entre o cidadão e o regulador. Tal cenário também é alimentado pelo risco de falhas de governança, a exemplo do que ocorre com o risco de captura do agente regulado.

Para mitigar o risco de falhas dessa governança, a Organização para a Cooperação e Desenvolvimento Econômico (OCDE) recomenda, em diversos de seus manuais de boas práticas regulatórias, a adoção de posturas de governança transparentes, com clareza nos processos de *enforcement* e de inspeção – as quais devem se pautar em regras claras e definidas, tanto de competência como de condutas a serem seguidas pelo agente regulado. Também é sugerida a utilização de *checklists*, de modo que a carga regulatória não se torne um empecilho para novos entrantes nos mercados regulados, os quais normalmente são os que têm maior dificuldade de conformação às normas setoriais.

Não seria exagero dizer que essas práticas se encontram alinhadas com os Objetivos de Desenvolvimento Sustentável nºs 16.7 e 16.10 da Organização das Nações Unidas, que preconizam, entre outros, o desenvolvimento de instituições eficazes, responsáveis e transparentes em todos os níveis e o acesso público à informação.

Também se percebe que existe um alinhamento entre essas recomendações e a forma pela qual o Brasil, por meio da Controladoria-Geral da União (CGU), vem conduzindo sua política de transparência, o que pode ser depreendido, a título de exemplo, dos recentes enunciados nºs 11/2023 e 12/2023 da CGU, os quais trazem um aprimoramento no tema. O primeiro atribui ao gestor público o ônus de demonstrar efetivo prejuízo concreto ou inviabilidade técnica para o indeferimento de pedidos de acesso formulados com base na Lei de Acesso à Informação (LAI), não sendo suficientes meras ilações em abstrato. O segundo preconiza que a garantia do acesso à informação deve ser compatibilizada com a proteção de dados pessoais, não se constituindo esta última, a princípio, em fundamento idôneo para a negativa de pedidos de acesso, pois há técnicas de tratamento (como hachuras, tarjas, descaracterizações etc.) que mitigam os riscos de exposição da privacidade individual.

Em decorrência da racionalidade limitada dos agentes econômicos, pressupõe-se uma natural e crescente assimetria de informação entre o cidadão/consumidor e o regulador. Eventuais dificuldades que o consumidor tenha de avaliar meritoriamente as decisões das agências devem ser compensadas pela transparência no processo respectivo. Essa transparência visa mitigar os riscos de questionamentos sobre a integridade dos membros do corpo técnico do regulador e, assim, preservar a legitimidade social das regulações que emite.

Desde o advento das primeiras normas sobre serviços regulados, ainda na década de noventa, até a atualidade, pode ser percebido que, paulatinamente, as agências reguladoras tiveram um incremento de sua transparência decisória. No início, considerada, exemplificativamente, a Lei nº 9.472, de 16.7.1997 – Lei Geral de Telecomunicações (LGT), já era possível encontrar disposições que evidenciavam algum nível de transparência a ser cumprido pelas agências reguladoras, a exemplo da publicidade das atas do Conselho Diretor da Anatel (art. 21) e as consultas públicas para os planos de metas de universalização e de outorgas (art. 19, inc. III) e a publicidade de minutas de atos normativos (art. 42).

Com o passar do tempo, esses instrumentos passaram por diversos aperfeiçoamentos. Como exemplo, citem-se as inovações trazidas pela Lei nº 13.848, de 25.6.2019 (Lei Geral das Agências Reguladoras) no processo decisório das agências reguladoras, seja no que diz respeito à sua relação direta com a sociedade civil, seja no que diz respeito à sua relação com outras instituições. Como exemplos desse incremento no nível de transparência dessas agências, podem ser mencionados, aqui, o fortalecimento dos seus sistemas de ouvidoria, o aprimoramento dos instrumentos de gestão estratégica, a divulgação das agendas regulatórias e a adoção de novos meios de *accountability*, como a análise de impacto regulatório (AIR).

Numa comparação com o cenário institucional de quase três décadas atrás, e sempre com a ressalva de que melhorias que incrementem a eficiência esperada da atuação das agências sempre serão bem-vindas, é inegável que predomina, no Brasil, um patamar muito superior de transparência ao que se viu no passado. E, a despeito de que o Brasil ainda não seja membro efetivo da OCDE, as suas agências reguladoras – embora em diferentes intensidades – têm se mostrado *players* que se fazem ouvir pela qualidade de sua atuação, inclusive no que diz respeito à adoção das recomendações de boas práticas de *accountability* provenientes de tal organização internacional. Afinal de contas, é pela transparência que se mitigam a crescente assimetria de informações e a crescente complexidade nos serviços regulados e, portanto, os riscos de falhas de governo que, episodicamente, rodeiam as agências reguladoras, como um todo, tanto no Brasil, como mundo afora.

Informação bibliográfica deste texto, conforme a NBR 6023:2018 da Associação Brasileira de Normas Técnicas (ABNT):

DANTAS, Bruno; FREIRE, Alexandre. A transparência decisória nas agências reguladoras e a prestação de contas ao cidadão. *In*: DANTAS, Bruno. *Consensualismo na Administração Pública e regulação*: reflexões para um Direito Administrativo do século XXI Belo Horizonte: Fórum, 2023. p. 123-129. ISBN 978-65-5518-595-9.

CONTROLE EXTERNO DA REGULAÇÃO: UM ESTUDO DE CASO DA REABERTURA DO AEROPORTO DA PAMPULHA

BRUNO DANTAS
GABRIEL REBELLO ESTEVES AREA
SANDRO ZACHARIADES SABENÇA

Introdução

Tema que não raro é alvo de discussões no âmbito do direito regulatório é a legitimidade do alcance da atuação do Tribunal de Contas da União (TCU) nos temas que lhes são afetos.

Em face dos casos tecnicamente complexos, diante dos quais não existem, *a priori*, balizas objetivas a pautar o controle da Corte de Contas, uma linha bastante tênue é o que separa uma fiscalização devida de uma interferência indevida em questões regulatórias, sobretudo nas matérias cuja apreciação técnica foi atribuída às agências reguladoras.

Em 2018, o TCU esteve no centro desse debate por ter proferido o Acórdão TCU nº 132/2018, que ratificou a decisão monocrática do relator, um dos autores deste texto, que havia suspendido cautelarmente os efeitos da Portaria MTPA nº 911/2017 e da Resolução Conac nº 2/2017 (nesta, restabelecendo o *status quo ante*), impondo limitações operacionais ao Aeroporto da Pampulha.

Tendo em vista o dilema que paira sobre o órgão de controle em questões regulatórias, este artigo tem por objetivo avaliar a atuação do TCU especificamente no que se refere ao controle do caso de reabertura do Aeroporto da Pampulha, buscando verificar, com apoio na Constituição e na doutrina brasileiras, se a atuação foi indevida.

A relevância do tema reside nas consequências promovidas pelo acórdão, que, em um primeiro momento, poderia sugerir um "avanço de sinal" por parte da Corte de Contas.

Para tanto, adotando a metodologia do estudo de caso, e servindo-nos, a fim de amparar nossas conclusões, de bibliografia doutrinária, o trabalho foi estruturado e se desenvolve da seguinte forma: a primeira seção buscará entender a missão do TCU estabelecida na Constituição Federal de 1988; a segunda seção buscará analisar a questão do controle do TCU exercido sobre agências reguladoras, a posição doutrinária acerca do assunto e o estabelecimento de parâmetros a serem testados no estudo de caso; a terceira seção, por sua vez, buscará analisar a atuação do TCU no caso da reabertura do Aeroporto da Pampulha; e por último, apresentam-se as conclusões finais, com base nos dados trazidos ao longo do texto.

Embora o objeto deste trabalho esteja delimitado à apreciação do procedimento cautelar mencionado, a título de ilustração, teceremos comentários, em momento oportuno, sobre o julgamento de mérito da matéria, consignado no Acórdão nº 464/2019 – TCU – Plenário, devendo-se destacar que, apesar de ser proferida posteriormente, a decisão de mérito não afasta nem encobre a importância teórica da discussão que precedeu a concessão da cautelar.

1 O TCU na Constituição Federal de 1988

Desde sua criação em 1890, pelo Decreto nº 996-A, o escopo de atuação do Tribunal de Contas da União vem aumentando significativamente.

A corte, que até o advento da Constituição de 1988, tinha uma atuação restrita ao controle de legalidade de matérias exclusivamente financeiras, passou a tomar parte na apreciação da economicidade, legitimidade e eficiência da gestão pública.

Para explicar de forma mais didática a missão conferida ao Tribunal de Contas da União pelo constituinte, devemos analisar suas duas dimensões: subjetiva e objetiva.

A Constituição Federal de 88 impôs uma dimensão subjetiva – que se refere aos sujeitos jurisdicionados – para a atuação do Tribunal de Contas da União quando previu que deve prestar contas todo aquele que "utilize, arrecade, guarde, gerencie ou administre dinheiros, bens e valores públicos ou pelos quais a União responda, ou que, em nome desta, assuma obrigações de natureza pecuniária".[134]

O objeto de atuação – dimensão objetiva –, por sua vez, consiste na fiscalização contábil, financeira, orçamentária, operacional e patrimonial da União e das entidades da Administração direta e indireta, sob os aspectos da legalidade, legitimidade e economicidade, também previstos expressamente pelo texto constitucional (art. 70, *caput*, CRFB/1988).[135]

Entre as inovações trazidas pela Constituição de 88 em relação às constituições anteriores, no que diz respeito à atuação do TCU, encontra-se a fiscalização operacional.

Com efeito, por fiscalização operacional deve-se entender:

> [O] processo de coleta e análise sistemáticas de informações sobre características, processos e resultados de um programa, atividade ou organização, com base em critérios fundamentados, com o objetivo de aferir o desempenho da gestão governamental,

---

[134] Art. 70, parágrafo único (BRASIL. *Constituição da República Federativa do Brasil de 1988*. Disponível em: http://www.planalto.gov.br/ccivil_03/constituicao/constituicao.htm. Acesso em: 12 jun. 2019).

[135] BRASIL. *Constituição da República Federativa do Brasil de 1988*. Disponível em: http://www.planalto.gov.br/ccivil_03/constituicao/constituicao.htm. Acesso em: 12 jun. 2019.

subsidiar os mecanismos de responsabilização por desempenho e contribuir para aperfeiçoar a gestão pública.[136]

Sobre esse ponto, o artigo busca tão somente apresentar tais circunstâncias e ilustrá-las com exemplos de casos concretos em que já se manifestaram, sem pretender se debruçar sobre o debate quanto à sua conveniência ou adequação legal.

Com tal previsão, o TCU – que se limitava, no período pré-1988, à verificação da legalidade das atividades-meio da Administração Pública – passa a examinar as atividades-fim do Estado.

Cabe destacar que esse entendimento ganha ainda maior força com a reforma do Estado, promovida nos anos 90 e que introduziu o modelo de administração gerencial. É que, no âmbito de uma administração pública gerencial, o controle volta-se mais aos resultados (fins) do que aos processos (meios).[137] Nos quadros desse paradigma, o TCU busca verificar se as metas e os objetivos de qualquer órgão ou entidade da Administração Pública estão sendo alcançados.

2 O controle externo das escolhas regulatórias

2.1 Questões preliminares

Prescreve o Título IV, Seção IX, da Constituição Federal, que estão sob a jurisdição do TCU as entidades da Administração Pública direta e indireta, conceito no qual se incluem as agências reguladoras, sendo objeto de análise questões regulatórias.

Tamanha amplitude das questões governamentais passíveis de controle tende a mitigar riscos da prática de atos

---

[136] BRASIL. Tribunal de Contas da União. *Auditoria operacional*. Disponível em: https://portal.tcu.gov.br/controle-externo/normas-e-orientacoes/normas-tcu/auditoria- operacional.htm. Acesso em: 12 jun. 2019.

[137] BRASIL. *Plano diretor da reforma do aparelho do Estado*. Brasília: Presidência da República, Câmara da Reforma do Estado. Ministério da Administração Federal e Reforma do Estado, 1995.

ilegais, ilegítimos e antieconômicos, mas, dada a complexidade das atividades estatais contemporâneas, a atuação dos órgãos de controle deve encontrar limites claros – sob pena de gerar efeitos colaterais, a exemplo da insegurança jurídica.

Dado o caráter único das questões regulatórias, que necessitam buscar "soluções jurídicas heterogêneas adaptáveis às variadíssimas situações com que se defrontam",[138] que não resultam do simples cotejamento entre o ato e a prescrição legal, ao contrário da administração pública tradicional, a legitimidade da atuação dos órgãos de controle para apreciar atos com conteúdo regulatório é alvo de divergência doutrinária.

Merece registro, entretanto, que há na doutrina quem se posicione contrariamente à atuação do TCU na apreciação de questões regulatórias, como sugere o entendimento de Luís Roberto Barroso manifestado em artigo doutrinário de 2002.[139] Em sentido oposto, todavia, é o entendimento de Alexandre dos Santos Aragão.[140]

Apesar das divergências teóricas, recentemente sobreveio a Lei nº 13.448/2017, modificação legislativa que jogou por terra quaisquer dúvidas que pudesse haver sobre o assunto. Com a nova lei, que determina expressamente o envio dos estudos

---

[138] SUNDFELD, Carlos Ari. *Direito administrativo para céticos*. 2. ed. São Paulo: Malheiros, 2017. p. 177.

[139] "Nada, rigorosamente nada, no texto constitucional o autoriza a investigar o mérito das decisões administrativas de uma autarquia, menos ainda de uma autarquia com as características especiais de uma agência reguladora. Não pode o Tribunal de Contas procurar substituir-se ao administrador competente no espaço que a ele é reservado pela Constituição e pelas leis. O abuso seria patente. Aliás, nem mesmo o Poder Legislativo, órgão que é coadjuvado pelo Tribunal de Contas no desempenho do controle externo, poderia praticar atos dessa natureza". Cf. BARROSO, Luís Roberto. Agências reguladoras, Constituição, transformações do Estado e legitimidade democrática. Revista *de Direito Administrativo*, Rio de Janeiro, n. 229, 2002.

[140] "O Tribunal de Contas pode realmente controlar tais atos de regulação, uma vez que, imediata ou mediatamente, os atos de regulação e de fiscalização sobre os concessionários de serviços públicos se refletem sobre o Erário. Por exemplo, uma fiscalização equivocada pode levar à não aplicação de uma multa; a autorização indevida de um aumento de tarifa leva ao desequilíbrio econômico-financeiro favorável à empresa, o que, entre outras alternativas, deveria acarretar na sua recomposição pela majoração do valor da outorga devida ao Poder Público, etc.". Cf. ARAGÃO, Alexandre dos Santos de. *Agências reguladoras e a evolução do direito administrativo econômico*. Rio de Janeiro: Forense, 2002. p. 340.

técnicos ao TCU (arts. 11 e 19), torna-se indiscutível a competência do tribunal para a apreciação de questões regulatórias.

Apesar disso, é certo que os objetivos de criação das agências reguladoras – em especial, a promoção de um ambiente de *certeza, estabilidade* e a tomada de decisões fundada na *expertise* de seus agentes – servem como limites da atuação da Corte de Contas. Do contrário, em vez de conferir garantia adicional contra atos irregulares, a Corte pode vir a promover um desarranjo do sistema regulatório.

2.2 O estabelecimento de um modelo a ser testado no estudo de caso: quais os limites para a atuação do TCU no exame de questões regulatórias?

A *International Organizacion of Supreme Audit Institutions* (Intosai) editou o normativo ISSAI nº 5.230,[141] diploma que contribui para a atuação das instituições superiores de controle (ISC) nas auditorias em entidades de regulação econômica, prevendo a apreciação de questões relativas ao preço do serviço, à prestação do serviço e de questões concorrenciais. O referido normativo prescreve, porém, uma vedação à apreciação de questões que envolvam política regulatória, devendo as instituições superiores de controle limitarem-se à verificação da regularidade da administração da regulação. Consta do item 15 do normativo ISSAI nº 5230 o seguinte: "a EFS deve tomar cuidado para não se imiscuir em assuntos políticos, porque o que lhe interessa é a administração da regulação, e não a política regulatória".[142]

Nesse sentido, é preciso esclarecer que entendemos, por política regulatória, a escolha feita pelo regulador ou outro *player* legalmente estabelecido para promover decisões acerca

---

[141] INTOSAI. *Lineamientos para la Mejor Práctica en la Auditoría de la Regulación Económica*. Disponível em: http://www.issai.org/en_us/site-issai/issai-framework/4-auditing-guidelines.htm. Acesso em: 12 jun. 2019.

[142] Tradução livre.

deste ou daquele caminho com vistas a se obter estabilidade no subsistema regulado.

Dito de outra forma, da perspectiva da Intosai, deve o Tribunal de Contas da União afastar-se da apreciação de questões que estão no âmbito da discricionariedade regulatória, sob pena se substituir-se ao regulador nas escolhas que legitimamente lhe compete fazer.

O que parece ser um claro limite à atuação da Corte Federal de Contas, no entanto, apresenta dificuldades práticas, uma vez que, na análise do caso concreto, existe uma tênue linha que separa a atuação conveniente e inconveniente dos órgãos de controle.

O ponto de partida para o estabelecimento de qualquer limitação à atuação da Corte de Contas na apreciação das questões regulatórias reside no reconhecimento da própria razão que justifica a existência de entidades dotadas de poder regulador.

Neste sentido, rememora Gustavo Binenbojm[143] que as agências reguladoras foram criadas para "superar a histórica crise de credibilidade do país e de suas instituições", visando atrair investidores para o processo de privatização conduzido no âmbito da Reforma do Estado ocorrida na década de 90, mediante a promoção de um ambiente de *certeza, estabilidade* e tomada de decisões fundada na *expertise* de seus agentes.

Ainda no âmbito da Reforma do Estado, previu o Plano Diretor,[144] dadas as mudanças gerenciais operadas, a necessidade de se reduzir a intensidade do controle institucional e fomentar o controle social, mediante a promoção de medidas de governança, transparência e *accountability*.

---

[143] BINENBOJM, Gustavo. *Uma teoria do direito administrativo*: direitos fundamentais, democracia e constitucionalização. Rio de Janeiro: Renovar, 2006. p. 267.
[144] BRESSER-PEREIRA, Luiz Carlos. A reforma do Estado dos anos 90: lógica e mecanismos de controle. *Cadernos MARE da Reforma do Estado*, Brasília, v. 1, 1997.

Assim, sendo pragmático, não pode o TCU atuar no sentido de gerar *incerteza*, instabilidade e desprezar a *expertise* do regulador; longe disso, deve o TCU promover a governança, a transparência e o *accountability* das agências reguladoras.

Neste sentido, a doutrina nacional vem construindo soluções que buscam delinear parâmetros ou alguma forma de limite à atuação do TCU na apreciação dos atos regulatórios – dada a relevante missão institucional conferida a este órgão de controle.

José Vicente dos Santos Mendonça[145] assim entende que o tribunal deve ser deferente às decisões regulatórias:

> Quanto à atividade-fim das agências reguladoras vale o princípio geral da autocontenção por parte dos Tribunais de Contas: há fortíssima preferência prima facie pelas razões técnicas expedidas pela agência. É o mecanismo usual de compatibilização entre a separação dos poderes, discricionariedade técnica e restrições ínsitas à atuação *ex ante*, de um lado, e dever de prestação de contas, princípio da eficiência e dever de controle operacional, por outro. Em princípio, valem as razões técnicas da agência quanto ao exercício de sua atividade-fim. Só não subsistem diante de fortíssimas razões contrárias.

Abordando o controle judicial, Gustavo Binenbojm[146] assevera que a intensidade do controle deve ser menor quando, em razão da complexidade técnica da matéria, não estão presentes, no ordenamento, parâmetros objetivos para o controle. Nada obstante as peculiaridades dos diversos tipos de controle examinados pelo autor, suas conclusões podem ser utilizadas também para se balizar o controle externo realizado pelo TCU.

---

[145] MENDONÇA, José Vicente Santos de. A propósito do controle feito pelos Tribunais de Contas sobre as agências reguladoras – Em busca de alguns standards possíveis. *Revista de Direito Público da Economia*, Belo Horizonte, 2012. p. 162.

[146] BINENBOJM, Gustavo. *Uma teoria do direito administrativo*: direitos fundamentais, democracia e constitucionalização. Rio de Janeiro: Renovar, 2006. p. 241. Apesar de o estudo realizado pelo autor tratar, especificamente, do controle judicial dos atos regulatórios, entendemos ser perfeitamente aplicável ao controle externo, uma vez que se trata do mesmo ato a ser apreciado pela via judicial ou controladora.

Para apreciação da decisão regulatória, o autor propõe a observância dos seguintes *standards*:

(i) quanto maior o grau de objetividade extraível da norma incidente à hipótese em exame, mais intenso poderá ser o grau do controle judicial;
(ii) quanto maior o grau de tecnicidade da matéria, objeto de decisão por órgãos dotados de expertise e experiência, menos intenso deve ser o grau do controle judicial;
(iii) quanto maior o grau de politicidade da matéria, menos intenso deve ser o grau do controle judicial;
(iv) quanto maior o grau de participação social no processo de deliberação que resultou na decisão questionada, menos intenso deve ser o grau do controle judicial; e
(v) quanto maior o grau de restrição imposto a direitos fundamentais, mais intenso deve ser o controle judicial.[147]

Apesar do esforço teórico do autor, este não confere à apreciação de atos regulatórios objetividade, visto que o próprio controlador é quem irá definir o grau de complexidade/tecnicidade da matéria a ser apreciada. Entretanto, pode-se concluir que o tribunal deve, em alguma medida, afastar-se da apreciação de questões essencialmente técnicas, bem como das escolhas eminentemente políticas.

Numa tentativa de compatibilizar a missão constitucional de promover auditorias operacionais (examinar atividade-fim) em todos os órgãos da Administração Pública direta e indireta, estando aí incluídas as agências reguladoras, é que André

---

[147] BINENBOJM, Gustavo. *Estudos de direito público* – Artigos e pareceres. Rio de Janeiro: Renovar, 2015. p. 123-125.

Rosilho[148] entende que o TCU, na apreciação da conveniência e oportunidade do ato, não deve se valer de seus poderes sancionatórios, sob pena de substituir-se ao administrador.[149]

Dito de outra maneira, segundo a ideia do autor, o TCU deve, em regra, se afastar da apreciação do mérito regulatório, porém, se o fizer, não deve utilizar os poderes sancionatórios que lhe são conferidos, sob pena de exercer o papel de regulador e, dessa maneira, violar o justo pleito por certeza e estabilidade da atividade reguladora estatal.

No mesmo sentido, José Vicente dos Santos Mendonça[150] estabeleceu *standards* doutrinários para delimitar o alcance da atuação dos Tribunais de Contas nas agências reguladoras e, por consequência, na apreciação de atos regulatórios:

(i) a atividade-meio das agências está subordinada ao controle da Corte de Contas, como qualquer outro ente da Administração Pública;
(ii) na atividade-fim, vale o princípio da autocontenção, devendo ser dada preferência às decisões técnicas das agências;
(iii) o Tribunal pode exercer controle pleno sobre os vícios procedimentais da decisão ou elaboração da norma e os vícios de participação democrática;
(iv) pode haver atuação do TCU quando houver clara e inequívoca omissão regulatória;

---

[148] ROSILHO, André Janjácomo. *Controle da Administração Pública pelo Tribunal de Contas da União*. Tese (Doutorado) – Faculdade de Direito, Universidade de São Paulo, São Paulo, 2016. p. 176.

[149] "Admitir que o tribunal viesse a sancionar ou a praticar atos de comando em função da constatação de supostas práticas ilegítimas ou antieconômicas em matérias essencialmente administrativas acabaria conferindo ao TCU a possibilidade de concretamente pressionar o poder executivo (direta ou indiretamente) a incorporar suas preferencias a práticas administrativas lícitas, porém dissonantes de suas opiniões – isto é, distintas da sua visão sobre conveniência e oportunidade de decisões tomadas pelo Executivo no Exercício da função administrativa".

[150] MENDONÇA, José Vicente Santos de. A propósito do controle feito pelos Tribunais de Contas sobre as agências reguladoras – Em busca de alguns standards possíveis. *Revista de Direito Público da Economia*, Belo Horizonte, 2012. p. 162.

(v) pode haver controle do ato quando a agência estiver praticando ilegalidade rigorosamente literal;
(vi) quanto à qualidade da regulação caberia ao Tribunal expedir recomendações não vinculantes.

De maneira geral,[151] podemos considerar razoáveis tais *standards*, visto que encontram suporte nas missões constitucionais atribuídas ao TCU apreciadas na seção 1, que impõem ao TCU a apreciação da legalidade, legitimidade e economicidade da Administração Pública.

Dito de outra maneira, no que diz respeito a este trabalho, podemos considerar, como critérios, que o TCU pode estar invadindo indevidamente questões regulatórias quando:

1) não observa o "princípio da autocontenção" e ignora decisões técnicas das agências;
2) extrapola a limitação de apreciação de vícios procedimentais da decisão ou elaboração da norma e os vícios de participação democrática;
3) extrapola o exame de ilegalidade literal praticado por entes reguladores; e
4) expede determinações vinculantes[152] sobre a qualidade da regulação – ou seja, faz uso da força para se substituir ao regulador.

Extraem-se daí, portanto, quatro parâmetros objetivos para avaliar a atuação do TCU na apreciação de questões regulatórias, os quais podem ser utilizados como teste para avaliar a adequação da sua atuação no caso da reabertura do Aeroporto da Pampulha.

---

[151] Especificamente o *standard* que possibilita ao TCU atuar quando houver "clara e inequívoca omissão regulatória" pode parecer questionável, uma vez que a omissão pode ser uma escolha regulatória deliberada, consciente e consistente.
[152] É relevante estabelecer distinção entre as determinações e as recomendações proferidas pelo Tribunal de Contas da União. Diferentemente das segundas, as primeiras são cogentes. Por isso, considerou-se impróprio falar-se em "recomendação vinculante".

3 Estudo de caso: a reabertura do Aeroporto da Pampulha

Localizado a apenas 10 km do centro de Belo Horizonte (enquanto o Aeroporto de Confins fica a cerca de 42 km), o Aeroporto da Pampulha (PLU) foi o principal do Estado de Minas Gerais até 2005. Naquele ano, grande parte dos voos, até então lá realizados, foi transferida para Confins (CNF), em função da edição da Portaria nº 189/DGAC, de 8.3.2005, do antigo Departamento de Aviação Civil (DAC) do Ministério da Aeronáutica. A portaria restringiu o tráfego aéreo da Pampulha, destinando o aeroporto a atender às linhas áreas domésticas regionais, bem como à aviação geral e serviço de táxi aéreo, os quais estavam limitados a operar aeronaves turboélice com capacidade de até 50 assentos.

A partir de 2011, a Infraero, que administra a Pampulha, passou a buscar, junto à Anac, autorização para retomar a operação de voos de aeronaves a jato neste aeroporto.

Em 2.5.2017, o pleito de reabertura de Pampulha para esse tipo de voo feito pela Infraero foi apreciado pela Diretoria da Anac na sua 10ª Reunião Deliberativa, realizada em 16.5.2017, tendo sido o pleito da Infraero atendido, removendo as barreiras regulatórias antes existentes.

Entretanto, o Ministério dos Transportes, Portos e Aviação Civil (MTPA), ao qual a Infraero é vinculada, publicou a Portaria nº 376 (Portaria MTPA nº 376), de 11.5.2017, refletindo o conteúdo da Resolução Conac nº 1/2017, de mesma data, por meio da qual atribuiu a exploração do aeroporto à Infraero, limitando sua exploração a: *serviços aéreos privados; serviços aéreos públicos especializados (que não incluem transporte público); serviços aéreos públicos de transporte não regular; e voos diretos entre Pampulha e aeroportos regionais, conforme definição dada no inc. I do art. 115 da Lei nº 13.097, de 19.1.2015 (com movimentação anual inferior a 600.000 passageiros).*

Em 24.10.2017, todavia, foram editados novos atos: a Portaria MTPA nº 911 e a Resolução Conac nº 2/2017, que revogaram a Portaria MTPA nº 376 e a Resolução Conac nº 1/2017. Os referidos atos atribuíram a exploração do aeroporto à Infraero, bem como eliminaram as barreiras existentes para operação de voos comerciais de aeronaves a jato em Pampulha.

No dia 8.11.2017, a Concessionária do Aeroporto Internacional de Confins impetrou mandado de segurança perante o Superior Tribunal de Justiça (STJ), requerendo, liminarmente, a suspensão dos efeitos da Portaria Ministerial nº 911 e da Resolução Conac nº 2 e o consequente restabelecimento da Portaria Ministerial nº 376 e da Resolução Conac nº 1, de modo que o Aeroporto da Pampulha permanecesse com restrições, permitindo sua operação somente com voos regionais e executivos.

Em sua postulação, a Concessionária alegou que a operação simultânea dos aeroportos de Confins e Pampulha seria comercialmente inviável, tendo em vista que a ampliação da operação no Aeroporto de Pampulha resultaria em concorrência predatória e assimétrica com a própria Concessionária, da qual a Infraero é acionista.

O referido mandado de segurança foi distribuído para o Ministro Francisco Falcão, o qual, em 21.11.2017, decidiu, liminarmente, que "a análise do pedido liminar de suspensão dos atos administrativos impugnado fica postergada para depois da oportunidade de informações da autoridade coatora e de manifestação das respectivas pessoas de direito público".

Em consulta realizada no *site* do STJ na data em que se redige este trabalho, consta que os autos estão conclusos desde o dia 16.3.2018 com o ministro relator para decisão. Paralelamente, em 20.11.2017, o TCU fora provocado por representação do Senador Antônio Anastasia. A unidade técnica do TCU havia entendido não ser possível conceder a medida cautelar sem a oitiva prévia do MTPA, para obtenção de informações quanto às motivações para a publicação da Portaria MTPA nº 911/2017 e da Resolução Conac nº 2/2017. Após a apresentação das informações por parte do Ministério, a referida unidade entendeu não ser cabível a concessão da medida, uma vez que, em sua opinião, os atos contrários à lei seriam aqueles que foram revogados e que se pretenderiam restabelecer.

Em 27.12.2017, o Ministro Relator, Bruno Dantas, proferiu decisão:

> determinando ao Ministério dos Transportes, Portos e Aviação Civil – MTPA, cautelarmente, que, até que o Tribunal decidisse sobre o mérito das questões suscitadas nos autos, suspendesse os efeitos da Portaria MTPA nº 911, de 24.10.2017, além de determinar oitiva do Ministério dos Transportes, Portos e Aviação Civil – MTPA, da Agência Nacional de Aviação Civil – ANAC e da Empresa Brasileira de Infraestrutura Aeroportuária – INFRAERO para que se pronunciassem quanto às questões em discussão.[153]

Entre os pontos levantados na decisão, podem ser destacados os seguintes:

i) o Tribunal é competente para exercer o controle dos procedimentos adotados pelo Ministério dos Transportes, Portos e Aviação Civil;

ii) os atos revogados passaram por processo decisório que caminhou adequadamente, tendo sido a questão analisada por diversos setores da Secretaria Nacional de Aviação Civil – SAC e também entes externos à esfera federal;

iii) por outro lado, o ato objeto de impugnação careceu de manifestação dos setores técnicos da SAC, o que

---

[153] O conteúdo mencionado pode ser encontrado em: BRASIL. Tribunal de Contas da União. *Acórdão nº 132/2018* – Plenário. Disponível em: https://contas.tcu.gov.br/sagas/SvlVisualizarRelVotoAcRtf?codFiltro=SAGAS-SESSAO-ENCERRADA&seOcultaPagina=S&item0=610779. Acesso em: 18 jun. 2019.

poderia levar a entender que tal decisão tenha sido insuficientemente refletida;

iv) a necessidade de comprovação do interesse público da medida que revogou os atos, por meio de argumentação que permita desconstruir as razões apresentadas pelos setores técnicos da SAC, principalmente pelo pequeno lapso temporal entre as medidas;

v) a questão vai além da reabertura do Aeroporto da Pampulha, devendo ser analisada levando em consideração a segurança jurídica bem como o ambiente de negócios no país;

vi) os agentes econômicos "toleram muito pouco os sobressaltos, as mudanças bruscas de sinalização, as reorientações de políticas, se não existem reflexões técnicas e substratos jurídicos suficientes para lhes dar suporte";[154]

vii) as decisões regulatórias devem ser subsidiadas por elementos que, embora não vinculantes, não podem ser desconsiderados pelo agente, pois aprimoram a governança e a *accountability* do processo decisório;

viii) com relação aos aspectos formais, não foram devidamente justificadas a relevância e a urgência das medidas adotadas. Além disso, o objeto dos atos foi somente revogar os anteriores, editados menos de seis meses antes. Não serve como justificativa a reestruturação financeira da Infraero, tampouco o atendimento das necessidades da população do estado de Minas Gerais; e

ix) a motivação deveria levar em conta eventuais riscos para o transporte aéreo na região, decorrentes das possíveis repercussões concorrenciais entre o

---

[154] Trata-se de transcrição literal do texto do despacho.

Aeroporto da Pampulha e o de Confins. Ademais, a Infraero é detentora de 49% da participação do capital social da Concessionária, e eventual abertura de Pampulha poderia ensejar uma redução de receita e patrimônio da referida estatal.

Com relação à concessão de medida cautelar, a decisão foi prolatada nos seguintes termos:

> [...] 51. Compulsando os autos e apoiando-me nas ocorrências descritas ao longo deste despacho, não há dúvidas a respeito dos indícios de que a edição dos normativos está marcada pela ocorrência de irregularidades que comprometeram a legalidade dos procedimentos, mormente pela ausência de motivação idônea para tal. Sendo assim, resta configurado o fumus boni juris, o primeiro dos requisitos fundamentais para a adoção de medida cautelar por esta Corte.
> 52. Quanto ao *periculum in mora*, entendo presente, uma vez que a mera vigência da Portaria MTPA 911/2017, editada de forma aparentemente açodada e sem motivação idônea, já pode, por si só, influenciar o comportamento das companhias aéreas, as quais podem começar a modificar seus voos, afetando de alguma maneira a distribuição de itinerários e influenciando a busca do interesse público primário.
> 53. Corrobora para isso o fato de diversas empresas aéreas que hoje utilizam regularmente o Aeroporto de Confins terem manifestado formalmente, junto à Anac, a intenção de transferir voos para o Aeroporto de Pampulha, concretizando o início da natural migração da demanda. Ademais, é cediço que tais solicitações vêm sendo deferidas pela agência, sendo possível reservar voos comerciais que supostamente partiriam do Aeroporto da Pampulha a partir de 8/1/2018, a alguns dias da presente data.
> 54. Por fim, não vislumbro a existência do *periculum in mora* reverso substancial, visto que, com a suspensão das normas impugnadas, a prestação dos serviços públicos continuará sendo realizada nos patamares atuais, e em conformidade com o que foi considerado adequado há alguns meses pelo Ministério [...].

A referida decisão foi agravada pela Infraero, bem como foram opostos embargos de declaração pela AGU. No seu recurso, a estatal alegou o seguinte:

> A Portaria MTPA 376/2017 deve ser vinculada às determinações da Lei 11.182/2005, de onde se depreende, em seu art. 48, o princípio da liberdade de voo. Conclui, destarte, que qualquer ato que venha a resultar em limitação da operação em determinado aeroporto, por razões que não sejam relacionadas à sua capacidade operacional, configura ilegalidade, e que a manutenção da mencionada Portaria pode gerar a percepção, pelo mercado, de que a Administração Pública age em sentido contrário às premissas econômicas estipuladas nos negócios que celebra;
> A retirada das restrições no Aeroporto da Pampulha é a medida que melhor atende ao interesse público primário, vez que possibilita ao público usuário a escolha do serviço que melhor atende às suas necessidades, e que o mercado, por si só, cuidará para que a vocação natural de cada aeroporto seja respeitada;
> A decisão do TCU adentrou em seara exclusiva do Ministro dos Transportes, Portos e Aviação Civil, uma vez que reavalia a conveniência de ato emitido em conformidade com o ordenamento e pautado em elementos técnicos hígidos, sem apontamento preciso de seu vício. A Infraero questiona os limites aos quais o TCU estaria submetido quanto a se imiscuir na discricionariedade da gestão.

Quanto aos embargos de declaração, alegou a AGU que a decisão não mencionou se haveria o restabelecimento dos efeitos da Portaria nº 376/2017 ou a necessidade de publicação de nova portaria, e nada mencionou a respeito da Resolução Conac nº 2/2017. Além disso, solicitou que os embargos fossem recebidos no efeito suspensivo.

Em 24.1.2018, quando do julgamento da cautelar no plenário, no voto do ministro relator, primeiramente, foram analisados os recursos interpostos pela Infraero e AGU, conforme mencionado anteriormente. Os embargos foram conhecidos e parcialmente providos, "a fim de fazer constar, de maneira expressa, a suspensão da Resolução CONAC nº 2/2017, com imediato resgate dos efeitos da Resolução CONAC nº 1/2017". Convém ressaltar que, antes de adentrar no mérito do julgamento do agravo, reiterou-se:

> a decisão proferida teve caráter preventivo, objetivando o resguardo da segurança jurídica e ambiente de negócios no país, para que as eventuais mudanças bruscas de sinalização, como a que pareceu ocorrer no caso em análise, passem por procedimentos adequados, que incluam a opinião de setores técnicos e jurídicos e, se for caso, sejam complementadas com os subsídios colhidos em consultas/audiências públicas.

Ainda, restou consignado que a decisão agravada não se posicionou contrariamente à reabertura da Pampulha (como alegara a Infraero). A decisão teria, na verdade, decorrido de

> preocupação estritamente procedimental no que tange à real necessidade de comprovação do interesse público da medida, por meio de argumentação que permita desconstruir, fundamentadamente, as razões já apresentadas em sentido diametralmente oposto pelos setores técnicos da SAC, mormente face ao curto lapso temporal entre as medidas adotadas (a Portaria MTPA nº 911/2017 e Resolução CONAC nº 2/2017, de 24.10.2017, contrastando com a Portaria MTPA nº 376/2017 e Resolução CONAC nº 1/2017, de 11.5.2017, menos de 6 meses antes).

O argumento mais importante é aquele relativo à necessidade de se apresentarem elementos técnicos que justifiquem a brusca mudança de posição do órgão, que levou à desconstituição dos atos normativos num curto intervalo de tempo. Ou seja, o processo de decisão necessitaria de fundamentação que justificasse a reabertura do Aeroporto da Pampulha. É verdade que o princípio da liberdade de voo deve ser respeitado; entretanto, isso não significa que outros princípios relevantes para o caso não devam também ser observados.

No voto do relator ratificou-se, ainda, sob uma perspectiva formal, a ausência de justificativas a respeito da relevância e da urgência das medidas adotadas, não sendo suficiente para tanto apenas a necessidade de reestruturação financeira da Infraero, assim como o atendimento das necessidades da população do Estado de Minas Gerais. Ademais, cita-se o parecer da Consultoria Jurídica do Ministério, em que consta o entendimento de que a manifestação do Secretário Nacional de Aviação Civil, sem o pronunciamento dos setores técnicos da Secretaria, não seria capaz de desconstituir a fundamentação que deu origem aos atos revogados. Desta forma, deveria constar na decisão uma motivação que avaliasse os eventuais impactos, como o aumento da concorrência entre dois aeroportos na região metropolitana de Belo Horizonte e as repercussões que isso poderia trazer, especialmente para a Infraero, que opera sozinha o Aeroporto da Pampulha, mas detém também 49% do capital social na Concessionária que opera o Aeroporto de Confins. Nessa linha de entendimento, deveria ter havido um estudo que avaliasse potencial redução da receita da estatal, podendo acarretar, inclusive, um prejuízo para os cofres públicos.

Finalmente, o voto do relator enfatiza que o TCU "realiza apenas o controle dos procedimentos adotados", e que teria havido "indicativos de que o expediente jurídico utilizado foi baseado em argumentos técnicos insuficientes". Assim, não há que se falar em "interferência na discricionariedade dos atos inerentes à gestão pública". Na verdade, o aprofundamento na avaliação, confirmou o relator, "aprimora a governança e a accountability do processo decisório, conferindo previsibilidade e segurança às partes interessadas".

Em conclusão, o voto sugere o não provimento ao agravo, devendo ser mantida a cautelar, ressaltando que os demais argumentos apresentados pela Infraero no recurso não deveriam ser apreciados ainda naquela fase processual, pois adentram na análise minuciosa da matéria de fundo do processo. A fase processual, afinal, apenas se destina a rever os requisitos essenciais para o alcance da providência cautelar.

Merecem destaque os argumentos trazidos nos votos revisores, que, resumidamente, versam sobre: a inexistência de *periculum in mora*; a existência de outros casos de concorrência entre aeroportos na mesma região metropolitana;[155] a possível afronta ao interesse público, por privilegiar interesse privado da concessionária em detrimento dos usuários; e o desrespeito à jurisprudência do tribunal que trata da inadmissibilidade do controle abstrato de normas.

Contrariamente ao sustentado pelo relator, alegam os revisores que o processo decisório estaria sustentado em motivação idônea, cuja regularidade foi ratificada em parecer da Consultoria Jurídica do MTPA e teve como lastro os "considerandos" da Resolução Conac nº 2/2017. Nessa linha, sustentam que os fundamentos das portarias seriam distintos, sendo a primeira fundada em aspectos relacionados à concessão do Aeroporto de Confins, e a segunda, em aspectos pertinentes à Infraero e à promoção da concorrência.

Dito de outra maneira, na visão dos revisores, não caberia ao Tribunal decidir se os fundamentos da portaria revogadora seriam melhores que os da revogada e, portanto, necessários para se comprovar a legitimidade e legalidade da portaria revogadora. Além disso, não seria necessário que o ministro dos transportes convencesse o TCU a respeito da adequada fundamentação de sua decisão (e não da legalidade); desta forma, o tribunal não estaria verificando a legalidade da norma, mas, na verdade, "avaliando se o juízo de conveniência e oportunidade está bem fundamentado, uma atuação limítrofe do controle externo". Segundo essa ideia, essa forma

---

[155] São citados os exemplos do Rio de Janeiro e de São Paulo, onde há concorrência entre aeroportos.

de controle deveria ser evitada pelo TCU, especialmente no caso de medida cautelar, pois deve ser observado o princípio da não substituição do administrador, ou seja, somente seria justificado em casos excepcionais, "de robusta evidência de inexistência ou de mera aparência de fundamentação".

Apesar dos votos divergentes, prevaleceu a posição do ministro relator e a decisão cautelar foi ratificada pelo plenário do TCU, restando restabelecidos os efeitos da Portaria MTPA nº 376 e da Resolução Conac nº 1/2017, e mantidas as restrições operacionais ao Aeroporto da Pampulha.

3.1 Do julgamento de mérito

Tendo em vista que durante a condução da pesquisa o TCU proferiu a decisão de mérito no processo em questão, julgamos relevante fazer uma breve exposição da sua posição final. Muito embora a pesquisa tenha por objeto a decisão cautelar, sua análise não fica prejudicada pela decisão de mérito, uma vez que a discussão naquela suscitada permanece como base segura para o estabelecimento de critérios à análise de questões regulatórias pelo TCU.

Guardando coerência com o voto apresentado quando da apreciação da medida cautelar, o relator afastou-se da apreciação do mérito da decisão regulatória, vistas a complexidade e a multiplicidade de soluções passíveis de serem adotadas pelo regulador setorial.[156] Portanto, diante das questões supervenientes, qual seja, a revogação pelo Poder Executivo do ato normativo em que foi constatada, pelo Tribunal, falha procedimental, o relator entendeu pela revogação da medida cautelar que suspendeu cautelarmente os efeitos da portaria

---

[156] O voto do relator do Acórdão nº 464/2019-P foi assim sustentado: "69. Tendo em vista que o objeto destes autos não é perscrutar os mencionados estudos, mas sim examinar, sobre o prisma da legalidade e da motivação, o processo de confecção da Portaria nº 911/2017 e da Resolução CONAC nº 2/2017, me detive em verificar se o formulador de política se preocupou em promover as reflexões necessárias para fundamentar a sua decisão".

MTPA nº 911/2017 e da Resolução Conac nº 2/2017 (restabelecendo o *status quo ante*), resultando em limitações operacionais do Aeroporto da Pampulha e em expedição de recomendação no sentido de aprimorar o processo decisório normativo do Ministério da Infraestrutura, sendo este posicionamento referendado pelo Plenário em decisão unânime.[157]

3.2 Análise crítica do caso estudado

A seguir, far-se-ão os testes para verificar se o Tribunal de Contas da União invadiu indevidamente questões de ordem regulatória mediante o cotejamento entre os *standards* propostos na seção anterior e o caso da reabertura do Aeroporto da Pampulha.

O critério a ser adotado nessa análise, portanto, é o de que o TCU estaria extrapolando sua esfera de competência caso viesse a: 1) extrapolar a limitação de apreciação de vícios procedimentais da decisão ou elaboração da norma e os vícios de participação democrática; 2) extrapolar o exame de ilegalidade literal praticado por entes reguladores; 3) expedir determinações vinculantes sobre a qualidade da regulação; 4) não observar o "princípio da autocontenção" e ignorar decisões técnicas das agências. Passamos ao exame.

As decisões nesse caso (decisão cautelar e acórdãos nº 132/2018 e nº 464/2019 – Plenário), que suspenderam os efeitos

---

[157] Eis o teor do Acórdão nº 464/2019-P: "ACORDAM os Ministros do Tribunal de Contas da União, reunidos em sessão plenária, ante as razões expostas pelo relator, em: 9.1. com fundamento nos arts. 235 e 237, inciso III, do Regimento Interno deste Tribunal, c/c o art. 113, §1º, da Lei 8.666/1993 e no art. 103, §1º, da Resolução – TCU 259/2014, conhecer e considerar parcialmente procedente a representação; 9.2. revogar a medida cautelar confirmada pelo Acórdão 132/2018 – TCU – Plenário; 9.3. informar ao Ministério da Infraestrutura que, sob a perspectiva do Tribunal de Contas da União e diante dos elementos discutidos nestes autos, não há óbices que impeçam a reabertura ou a manutenção das restrições ao Aeroporto da Pampulha, desde que as escolhas públicas estejam devidamente fundamentadas em elementos técnicos suficientes; 9.4. recomendar ao Ministério da Infraestrutura que aperfeiçoe o seu processo decisório com vistas a promover as reflexões necessárias para fundamentação de suas escolhas, mitigando as incertezas características do processo de formulação de políticas públicas, nos termos do Decreto 9.203/2017 e da Lei de Introdução às Normas do Direito Brasileiro".

da Portaria MTPA nº 911/2017, bem como da Resolução Conac nº 02/2017 (restabelecendo o *status quo ante*), sustentaram que o processo decisório careceu de motivação idônea por não estar lastreado por estudos técnicos adequados.

A motivação deveria ter levado "em conta eventuais riscos para o transporte aéreo na região, decorrentes das possíveis repercussões concorrenciais entre o Aeroporto da Pampulha e o de Confins", tendo em vista que a Infraero é sócia da Concessionária – com 49% de participação no capital social.

Em sentido contrário, os votos revisores entenderam que o processo se encontrava devidamente motivado. Consta do voto revisor:

> a decisão de revogar os atos normativos estaria devidamente fundamentada no âmbito de todo o processo conduzido para a edição da aludida Portaria MTPA nº 911/2017, assim como pela fundamentação constante da Decisão ANAC nº 49/2010, quando tal agência entendeu que a restrição imposta ao Aeroporto da Pampulha feriria o princípio da liberdade de voo.

A motivação estaria lastreada nos "considerandos" da Resolução Conac nº 2/2017 e o processo administrativo teria sido regular, conforme parecer da Consultoria Jurídica do MTPA.

Portanto, apesar da divergência entre os ministros, pode-se concluir que a decisão do tribunal não extrapolou o *standard* nº 1, que trata da limitação de apreciação de vícios procedimentais da decisão ou elaboração da norma e os vícios de participação democrática.

Não se pode afirmar que medida cautelar invadiu o mérito do ato do ministério, haja vista que apenas restringiu-se a apreciar se o ato foi devidamente motivado, indicando um vício procedimental no processo decisório que antecede a própria elaboração da norma.

Apesar dos efeitos da decisão, que implicaram o fechamento do Aeroporto da Pampulha, a decisão restringiu-se a uma questão meramente procedimental, o que configura, sob o crivo do *standard* nº 1, que a Corte de Contas não extrapolou sua competência. Trata-se, portanto, de uma falha na governança do processo decisório do Ministério.

O *standard* nº 2, que visa avaliar se a decisão "extrapola o exame de ilegalidade literal praticado por entes reguladores", não é possível ser testado, uma vez que a questão da legalidade não foi objeto do acórdão, já que não houve descumprimento de dispositivo legal e, além disso, o controle se restringiu apenas à ausência de motivação idônea.

Muito embora não tenha enfrentado diretamente a questão da legalidade, o relator entendeu não haver dúvida "a respeito dos indícios de que a edição dos normativos está marcada pela ocorrência de irregularidades que comprometeram a legalidade dos procedimentos, mormente pela ausência de motivação idônea para tal".

No que tange ao *standard* nº 3, que visa saber se o TCU invadiu questão regulatória ao expedir determinações vinculantes sobre a qualidade da regulação, cumpre fazer referência à divergência na aprovação do Acórdão nº 132/2018. Embora o foco do voto do relator estivesse direcionado à questão procedimental, os posicionamentos revisores sustentavam que a decisão impugnada acabava por interferir na qualidade da escolha regulatória, na medida em que optava por um normativo em detrimento do outro.

Por fim, com relação ao *standard* nº 4, que trata da deferência do controlador à escolha regulatória, ainda que as consequências da decisão do Tribunal indiquem um "avanço de sinal", sua fundamentação baseou-se na análise do processo decisório por parte do regulador e não da escolha regulatória, de modo que não infringiu o "princípio da autocontenção".

Por fim, o posicionamento deferente do controlador em relação às questões regulatórias, no caso sob exame, é ratificado pelo voto relator (seguido unanimemente pelo Plenário), que conduziu a análise da questão de mérito no sentido de restringir-se à análise procedimental e autoconter-se para não apreciar o mérito regulatório, tendo em vista a complexidade da questão e a existência de uma miríade de opções, igualmente legítimas, a serem tomadas pelo regulador setorial.[158]

Conclusão

Tratou o artigo de analisar o Acórdão TCU nº 132/2018, que ratificou a decisão monocrática que havia suspendido cautelarmente os efeitos da Portaria MTPA nº 911/2017 e da Resolução Conac nº 02/2017, resultando em limitações operacionais do Aeroporto da Pampulha, de modo a verificar se o TCU ultrapassou os limites de sua competência e invadiu o espaço regulatório conferido à Administração Pública. Para tal verificação, adotou-se critério baseado na doutrina nacional, a partir da identificação de parâmetros de verificação da conformidade da atuação do TCU. Com apoio majoritário da doutrina de José Vicente Santos Mendonça, foi possível identificar quatro parâmetros testáveis para verificar se, sob essa perspectiva, o TCU teria, no caso sob estudo, invadido a competência da agência reguladora. O critério escolhido para fins deste trabalho foi o de que o TCU extrapola sua esfera de competência quando:

---

[158] Neste ponto, destaque-se trecho do voto condutor da decisão: "deixo claro que, em momento algum, firmei posicionamento contrário à reabertura do aeroporto da Pampulha [...]. Minha decisão decorre de preocupação estritamente procedimental no que tange à real necessidade de comprovação do interesse público da medida, por meio de argumentação que permita desconstruir, fundamentadamente, as razões já apresentadas em sentido diametralmente oposto pelos setores técnicos da SAC, mormente face ao curto lapso temporal entre as medidas adotadas (a Portaria MTPA nº 911/2017 e Resolução CONAC nº 2/2017, de 24.10.2017, contrastando com a Portaria MTPA nº 376/2017 e Resolução CONAC nº 1/2017, de 11.5.2017, menos de 6 meses antes)".

1) extrapola a limitação de apreciação de vícios procedimentais da decisão ou elaboração da norma e os vícios de participação democrática;
2) extrapola o exame de ilegalidade literal praticado por entes reguladores;
3) expede determinações vinculantes sobre a qualidade da regulação; e
4) não observa o "princípio da autocontenção" e ignora decisões técnicas das agências.

Com base nos testes aplicados, concluiu-se que, ainda que as consequências da decisão do Tribunal pudessem indicar algum tipo de "avanço de sinal", sua atuação baseou-se na análise do processo decisório por parte do regulador e não da escolha regulatória em si.

Referências

ARAGÃO, Alexandre dos Santos de. *Agências reguladoras e a evolução do direito administrativo econômico*. Rio de Janeiro: Forense, 2002.

BARROSO, Luís Roberto. Agências reguladoras, Constituição, transformações do Estado e legitimidade democrática. Revista *de Direito Administrativo*, Rio de Janeiro, n. 229, 2002.

BINENBOJM, Gustavo. *Uma teoria do direito administrativo*: direitos fundamentais, democracia e constitucionalização. Rio de Janeiro: Renovar, 2006.

BRASIL. *Constituição da República Federativa do Brasil de 1988*. Disponível em: http://www.planalto.gov.br/ccivil_03/constituicao/constituicao.htm. Acesso em: 12 jun. 2019.

BRASIL. Presidência da República. *Plano diretor da reforma do aparelho do Estado*. Brasília: Presidência da República, Câmara da Reforma do Estado; Ministério da Administração Federal e Reforma do Estado, 1995.

BRASIL. Tribunal de Contas da União. *Acórdão nº 132/2018* – Plenário. Disponível em: https://contas.tcu.gov.br/sagas/SvlVisualizarRelVotoAcRtf?codFiltro=SAGAS-SESSAO-ENCERRADA&seOcultaPagina=S&item0=610779.

BRASIL. Tribunal de Contas da União. *Auditoria operacional*. Disponível em: https://portal.tcu.gov.br/controle-externo/normas-e-orientacoes/normas-tcu/auditoria- operacional.htm. Acesso em: 12 jun. 2019.

BRESSER-PEREIRA, Luiz Carlos. A reforma do Estado dos anos 90: lógica e mecanismos de controle. *Cadernos MARE da Reforma do Estado*, Brasília, v. 1, 1997.

GUERRA, Sérgio. *Agências reguladoras*: da administração piramidal à governança em rede. Belo Horizonte: Fórum, 2012.

INTOSAI. *Lineamientos para la Mejor Práctica en la Auditoría de la Regulación Económica*. Disponível em: http://www.issai.org/en_us/site-issai/issai-framework/4-auditing-guidelines.htm. Acesso em: 12 jun. 2019.

MENDONÇA, José Vicente Santos de. A propósito do controle feito pelos Tribunais de Contas sobre as agências reguladoras – Em busca de alguns standards possíveis. *Revista de Direito Público da Economia*, Belo Horizonte, 2012.

O'DONNEL, Guillermo. Horizontal accountability in new democracies. *Journal of Democracy*, 9.3.

ROSILHO, André Janjácomo. *Controle da Administração Pública pelo Tribunal de Contas da União*. Tese (Doutorado) – Faculdade de Direito, Universidade de São Paulo, São Paulo, 2016.

SUNDFELD, Carlos Ari. *Direito administrativo para céticos*. 2. ed. São Paulo: Malheiros, 2017.

Informação bibliográfica deste texto, conforme a NBR 6023:2018 da Associação Brasileira de Normas Técnicas (ABNT):

DANTAS, Bruno; AREA, Gabriel Rebello Esteves; SABENÇA, Sandro Zachariades. Controle externo da regulação: um estudo de caso da reabertura do Aeroporto da Pampulha. *In*: DANTAS, Bruno. *Consensualismo na Administração Pública e regulação*: reflexões para um Direito Administrativo do século XXI Belo Horizonte: Fórum, 2023. p. 131-157. ISBN 978-65-5518-595-9.

O RISCO DE CONFLITO REGULATÓRIO NA MOVIMENTAÇÃO DE GÁS NATURAL

BRUNO DANTAS
ALEXANDER LEONARD MARTINS KELLNER

Introdução

É sabido que gás natural, em regra, é transportado em sistemas fechados por meio de dutos. No entanto, existe a possibilidade de transporte de gás natural por meio de cilindros de aço ou outros vasos de pressão em caminhões. A modalidade de transporte de gás natural, comprimido, com alto teor de metano, deve respeitar uma série de normas regulatórias relativas à saúde, meio ambiente e segurança. No ponto, o tema de transporte de gás natural via transporte rodoviário parece reaquecido com a recente publicação da Lei nº 14.134, de 8.4.2021,[159] que destaca que a ANP regulará o exercício da atividade de acondicionamento para transporte e comercialização de gás natural ao consumidor final por meio de modais alternativos ao dutoviário.

---

[159] "Dispõe sobre as atividades relativas ao transporte de gás natural, de que trata o art. 177 da Constituição Federal, e sobre as atividades de escoamento, tratamento, processamento, estocagem subterrânea, acondicionamento, liquefação, regaseificação e comercialização de gás natural; altera as Leis nºs 9.478, de 6 de agosto de 1997, e 9.847, de 26 de outubro de 1999; e revoga a Lei nº 11.909, de 4 de março de 2009, e dispositivo da Lei nº 10.438, de 26 de abril de 2002".

Destaca-se que o transporte rodoviário é um dos exemplos de modal alternativo elencados pela própria lei.[160]

Entretanto, a referida norma silencia a respeito do papel da Agência Nacional de Transportes Terrestres – ANTT, apesar da evidente relação temática com a atividade regulatória da agência de transportes. Essa omissão parece incrementar o risco de conflito normativo oriundo de decisões regulatórias divergentes.

É importante destacar que a ANTT possui em vigência uma série de normas sobre o transporte rodoviário de produtos perigosos. Destaca-se ainda que a Lei nº 14.134, de 8.4.2021, possui o potencial de gerar conflito entre a ANP e agências reguladoras estaduais, a exemplo da Agência Reguladora de Energia e Saneamento Básico do Estado do Rio de Janeiro – Agenersa.[161]

O objeto deste artigo é conjecturar se a Lei nº 14.134, de 8.4.2021, possui o condão de gerar conflitos regulatórios, uma vez que parece existir evidente necessidade de coordenação regulatória entre a ANTT e a ANP.[162] Justifica-se o aludido objeto com a constatação de que a matéria ainda não foi objeto de regulação específica pela ANP. Assim, a descrição de eventuais inconsistências pretendida pelo artigo pode servir como um guia para fixação de parâmetros iniciais que parecem depender de normatização regulatória.

---

[160] "Art. 25. A ANP regulará o exercício da atividade de acondicionamento para transporte e comercialização de gás natural ao consumidor final por meio de modais alternativos ao dutoviário. §1º Entende-se por modais alternativos ao dutoviário a movimentação de gás natural por meio rodoviário, ferroviário e aquaviário. §2º A ANP articular-se-á com outras agências reguladoras para adequar a regulação do transporte referido no §1º deste artigo, quando for o caso".

[161] Criada pela Lei estadual nº 4.556, de 6.6.2005. Com base no art. 2º, inc. I, a Agenersa tem por finalidade exercer o poder regulatório, acompanhando, controlando e fiscalizando as concessões e permissões de serviços públicos concedidos na área de energia do Estado do Rio de Janeiro, neles incluídas a distribuição de gás canalizado e outras formas de energia, em que o Estado figure, por disposição legal ou pactual, como poder concedente ou permitente, nos termos das normas legais regulamentares e consensuais pertinentes.

[162] Entidades estaduais, a exemplo da Agenersa, serão mencionadas no trabalho de forma residual, uma vez que existe uma série de questionamentos que inviabilizam uma análise atual dos potenciais conflitos interfederativos que podem surgir.

Por fim, cumpre informar que a descrição almejada não possui pretensões de exaurir o tema, uma vez que o transporte rodoviário depende do acondicionamento[163] de gás natural em tanques e cilindros metálicos cuja disciplina técnica específica parece fugir à expertise técnica do jurista.[164]

O trabalho será dividido em três seções. A primeira destinada à operacionalização de um conceito funcional de regulação ao setor de transportes rodoviários, especificamente no que envolve o transporte rodoviário de gás natural.[165] A segunda seção destinada à analise do potencial conflito normativo existente. Por fim, a última seção, que almeja se aventurar nos campos normativo e prescritivo sobre possíveis soluções ao potencial conflito.

---

[163] "Art. 24. A atividade de acondicionamento de gás natural será exercida por empresa ou consórcio de empresas constituído sob as leis brasileiras, com sede e administração no País, por conta e risco do empreendedor, mediante autorização da ANP. §1º O enchimento de gasoduto, bem como o aumento ou rebaixamento de pressão não se enquadram como acondicionamento de gás natural. §2º O acondicionamento de gás natural em tanques, na sua forma gasosa ou liquefeita, será autorizado isoladamente ou no âmbito dos terminais ou plantas às quais pertencem".

[164] A título exemplificativo, a própria ANP destaca as seguintes normas: (i) Norma ABNT NBR 17.505 – Armazenamento de líquidos inflamáveis e combustíveis; (ii) Norma ABNT NBR 15.216 – Armazenamento de combustíveis – Controle da qualidade no armazenamento, transporte e abastecimento de combustíveis de aviação; (iii) Norma ABNT NBR 15.186 – Base de armazenamento, envasamento e distribuição de GLP – Projeto e construção; (iv) Norma ABNT NBR 7.821 – Armazenamento de líquidos inflamáveis e combustíveis – Tanques soldados para armazenamento de petróleo, derivados e líquidos em geral; (v) Norma ABNT 15.280 – Dutos Terrestres Parte 1 – Projeto; Parte 2 – Construção e Montagem; (vi) NBR 15.216 – Armazenamento de líquidos inflamáveis e combustíveis – Controle da qualidade no armazenamento, transporte e abastecimento de combustíveis de aviação; (vii) NR 20 – Líquidos combustíveis e inflamáveis; (viii) Norma ASME B31.3 – Process Piping; (ix) Norma ASME B31.4 – Pipeline Transportation Systems for Liquid Hydrocarbons and Other Liquids, The American Society of Mechanical Engineers; (x) Norma ASME B31.8 – Gas Transmission and Distribution Pipelines Systems – The American Society of Mechanical Engineers; (xi) Norma ASME Boiler and Pressure Vessel Code (BPVC), Code Section VIII; (xii) Norma API 650 – Welded Steel Tanks for Oil Storage; (xiii) Norma API 653 – Tank Inspection, Repair, Alteration, and Reconstruction; (xiv) Norma API 2000 – Venting Atmospheric and Pressure Storage Tanks: Non Refrigerated and Refrigerated; (xv) Norma API 620 – Design and Construction of Large Welded Low Pressure Storage Tanks; (xvi) Norma NFPA 59A – Standard for the Production, Storage, and Handling of Liquefied Natural Gas (LNG).

[165] Parece produtivo especificar o espectro da operacionalização conceitual referida para fins de precisão. De todo modo, eventuais ampliações utilitárias do conceito aqui desenvolvido não podem ser descartadas.

1 Conceito funcional de regulação ao setor de transporte rodoviário de gás natural

Parece coerente afirmar que, de forma frequente, o desenvolvimento do conteúdo de um conceito jurídico toma como ponto de partida um conceito comparável no discurso cotidiano. Também parece coerente se reconhecer que, na maioria das vezes, o direito, ao incorporar conceitos cotidianos, termina por modificá-los, com a finalidade adequá-los às suas exigências doutrinárias especiais. Além de conceitos cotidianos, o direito também se apropria de conceitos técnicos e extrajurídicos, e, do mesmo modo, também não necessariamente respeita as elaborações técnicas de termos em áreas especializadas do conhecimento.

Em outras palavras, o processo de escolha e definição de conceitos jurídicos pode, em alguns casos, basear-se em conceitos comparáveis em outras disciplinas onde estes já foram desenvolvidos de forma sistemática com base em critérios extrajurídicos de adequação. Mesmo que os conceitos sejam sistematicamente desenvolvidos em outras disciplinas, o direito não necessariamente apenas os adota,[166] mas também pode, a depender da visão do aplicador,[167] modificá-los para atender às necessidades jurídicas específicas.[168]

A sistematização de conceitos forma (ou deveria formar) uma matriz disciplinar em que se desenvolve determinado

---

[166] Existe uma discussão importante sobre a possibilidade de incorporação pelo direito de conceitos (princípios) exógenos, a exemplo do campo da moralidade. Ver: RAZ, Joseph. *Between authority and interpretation*. On the theory of law and practical reason. Oxford: Oxford University Press, 2013. p. 183. "My conclusions cast doubts on the incorporation thesis, that is the view that moral principles can become part of the law of the land by incorporation".
[167] Essa discussão poderia ser ampliada para o debate referente à existência de uma união ontológica do direito. Existe um fato jurídico? Existe um fato jurídico que independa do homem? Nesse sentido, existiria um conceito exclusivamente jurídico? Ver: KUREK, Łukasz. The Unit of Law and the Internal Point of View. *In*: HELLWEGE, Phillip; SONIEWICKA, Marta (Herausgegeben). *Die Einheit der Rechtsordnung*. Tübingen: Mohr Siebeck, 2020. p. 28.
[168] POSCHER, Ralf. The hand of Midas: when concepts turn legal, or deflating the hart-dworkin debate. *In*: HAGE, Jaap C.; PFORDTEN, Dietmar von der (Ed.). *Concepts in law*. Dordrecht: Springer, 2009. p. 100.

campo da ciência, a exemplo do campo jurídico. A ideia de matriz pode ser entendida como um conjunto de premissas que une cientistas.[169] Tal conjunto de premissas viabiliza uma comunicação científica entre cientistas relativamente livre de problemas, uma vez que se baseia em um consenso majoritário e/ou em um entendimento unânime na comunidade científica sobre as "opiniões profissionais"[170] dadas sobre os estudos vis-à-vis análises conceituais. É com base nessa matriz que se chega a algum nível de consenso sobre o que é a ciência em geral, sobre o que é um conceito e até sobre uma avaliação valorativa sobre o mérito técnico de um trabalho científico. Com base em tal matriz, a dogmática jurídica é transformada em dogmática jurídica, em oposição, por exemplo, às ciências sociais ou à história. Em outras palavras, a "matriz na dogmática jurídica nos ajuda a ser mais exatos do que antes sobre o que significa o ponto de vista epistemologicamente interno acima mencionado, típico da dogmática jurídica".[171]

Uma questão importante sobre conceitos é buscar compreender como funciona uma análise conceitual. Segundo Dietmar von der Pfordten, dois modelos são dominantes: um modelo clássico e um modelo reducionista-positivista.[172]

Pfordten afirma que o modelo clássico de definição conceitual decorre da proposição da doutrina clássica de que

---

[169] Podemos exemplificar a ideia de matriz com o exemplo de Luis Fernando Schuartz no direito concorrencial: "Exemplos proeminentes estão nos Guias de análise de concentrações econômicas, espalhados por quase todas as jurisdições com conceitos e diretrizes virtualmente idênticos em todas elas; ou então, nas presunções que foram se sedimentando, de maneira mais ou menos explícita, nos precedentes relacionados ao tratamento jurídico das condutas anticompetitivas horizontais e verticais – tudo isso de forma alinhada e consistente com os resultados teóricos e empíricos acumulados na literatura especializada" (SCHUARTZ, Luis Fernando. *A Desconstitucionalização do direito de defesa da concorrência*. 2008. p. 24. Disponível em: http://bibliotecadigital.fgv.br/dspace/handle/10438/1762).

[170] AARNIO, Aulis. *The Rational as Reasonable*. A treatise on Legal Justification. Dordrecht: D. Reidel Publishing Company, 1986. p. 17.

[171] AARNIO, Aulis. *The Rational as Reasonable*. A treatise on Legal Justification. Dordrecht: D. Reidel Publishing Company, 1986. p. 17.

[172] PFORDTEN, Dietmar von der. About Concepts in Law. *In*: HAGE, Jaap C.; PFORDTEN, Dietmar von der (Ed.). *Concepts in law*. Dordrecht: Springer, 2009. p. 24.

os conceitos são epistemologicamente dominantes em comparação com outros fenômenos linguísticos, como palavras e frases. Por outro lado, o modelo reducionista-positivista de explicação conceitual é um resultado natural e histórico, embora não necessário, da visão realista ou nominalista de que conceitos são qualidades ou entidades linguísticas como palavras ou conexões de palavras.[173]

Nessa linha, o modelo clássico compreende três formas básicas de definição em um sentido mais amplo: (i) a definição pelo próximo superior, ou seja, o conceito mais abstrato, sendo que a análise conceitual foca na descrição da diferença específica entre as propriedades do conceito mais abstrato e do mais específico; (ii) a determinação por meio da análise das propriedades do conceito investigado com conceitos mais concretos; (iii) a determinação pela listagem descritiva das partes/propriedades características e formas reais do objeto a que o conceito se refere, muito usada em outros campos científicos, a exemplo da paleontologia;[174] e (iv) a distinção entre elementos descritivos e normativos de conceitos, a exemplo da linguagem prática de Charles L. Stevenson.[175]

Em relação ao modelo positivista mencionado por Pfordten,[176] cumpre analisar a proposta de análise conceitual de Rudolf Carnap[177] que inclui quatro critérios para o desenvolvimento de uma análise conceitual: (i) similaridade: na maioria dos casos, as propriedades conceituais utilizadas

---

[173] PFORDTEN, Dietmar von der. About Concepts in Law. *In*: HAGE, Jaap C.; PFORDTEN, Dietmar von der (Ed.). *Concepts in law*. Dordrecht: Springer, 2009. p. 24.
[174] WELLNHOFER, P.; KELLNER, A. W. A. The skull of Tapejara wellnhoferi Kellner (Reptilia, Pterosauria) from the Lower Cretaceous Santana Formation of the Araripe Basin, Northeastern Brazil. *Mitteilungen der Bayerischen Staatssammlung für Paläontologie und Geologie*, Alemanha, v. 31, p. 89-106, 1991.
[175] Ver a seguinte obra do autor: STEVENSON, Charles L. *Ethics and language*. New Haven: Yale University Press, 1944.
[176] PFORDTEN, Dietmar von der. About Concepts in Law. *In*: HAGE, Jaap C.; PFORDTEN, Dietmar von der (Ed.). *Concepts in law*. Dordrecht: Springer, 2009. p. 24.
[177] CARNAP, Rudolph. *Logical foundations of probability*. Chicago: University of Chicago Press, 1962. p. 7.

na análise devem ser capazes de substituir o conceito operacionalizado; (ii) exatidão: as regras para o uso conceitual das propriedades necessárias devem ser dadas de maneira exata para que possam ser integradas a um sistema bem fundamentado de conceitos científicos; (iii) fertilidade: as propriedades conceituais devem operacionalizar proposições e declarações gerais com a finalidade de viabilizar a utilização do conceito em um espectro amplo de hipótese; (iv) simplicidade: o conceito deve ser o mais simples possível. Isso não quer dizer que conceitos devem ser simples e/ou que conceitos complexos não existem. Trata-se de uma avaliação normativa, uma vez que a busca por simplicidade poderia garantir clareza e, por fim, comunicação.

Pfordten afirma que ambos os modelos não estão em contradição e/ou confronto direto *prima facie*.[178]

> A visão clássica é uma forma de chegar à primeira demanda da visão de Carnap, a demanda para alcançar a semelhança. A única diferença é que a visão clássica tem, em sua primeira parte, o objetivo maior de dar uma definição sinônima que hoje é considerada questionável.[179]

Portanto, parece coerente afirmar que ambos os modelos podem ser combinados.

Os conceitos jurídicos devem ser analisados em conformidade com uma observação inicial: são encontrados dentro do direito e embutidos na linguagem comum.[180] Ou seja, *prima*

---

[178] PFORDTEN, Dietmar von der. About Concepts in Law. *In*: HAGE, Jaap C.; PFORDTEN, Dietmar von der (Ed.). *Concepts in law*. Dordrecht: Springer, 2009. p. 24.

[179] PFORDTEN, Dietmar von der. About Concepts in Law. *In*: HAGE, Jaap C.; PFORDTEN, Dietmar von der (Ed.). *Concepts in law*. Dordrecht: Springer, 2009. p. 24.

[180] Um ponto importante é se pensar na utilidade e limitação de uma análise de termos na linguagem comum. Ver: SCHAUER, Frederick. *Playing by the rules*. A Philosophical Examination of Rule-Based Decision-Making in Law and Life. Oxford: Clarendon Press. 2002. p. 15: "Attention to the distinctions embedded in ordinary language is often analytically illuminating, but the techniques of ordinary language analysis, ones I occasionally employ in this book, are hardly exclusive when the goal of the enterprise is other than analysing a particular word".

facie, não está claro se conceitos jurídicos possuem uma natureza jurídica, semântica[181] ou dual.[182] Tal observação é importante pois pode influenciar a escolha e a definição de conceitos.

No mesmo sentido, poderíamos indagar se razões normativas influenciam a escolha e definição de conceitos. Como afirma Lorenz Kähler,[183] parece intuitivo se reservar algum papel a razões normativas na escolha e definição de conceitos ao se considerar próprio processo legislativo. A título exemplificativo, o legislador parece imbuído de objetivos normativos ao propor um projeto de lei. Tal constatação é interessante, uma vez que a própria escolha de palavras pelo legislador pode refletir a dimensão semântica acima referida.[184]

Outro aspecto importante é considerar que o processo em que os conceitos jurídicos são estabelecidos não é necessariamente intencional. Como na linguagem cotidiana, os conceitos jurídicos podem evoluir gradualmente de maneira inconsciente. Por esta razão, quando falamos em escolha e definição de conceitos, referimo-nos a processos conscientes e/ou inconscientes. A influência por razões normativas aqui é utilizada em um sentido amplo, de modo a incluir qualquer

---

[181] Schauer inclusive fala em autonomia semântica da linguagem: "The contrast between the conversational and the entrenchment models focuses our attention on the semantic autonomy of language, the ability of symbols – words, phrases, sentences, paragraphs – to carry meaning independent of the communicative goals on a particular occasions of the users of those symbols" (SCHAUER, Frederick. *Playing by the rules*. A Philosophical Examination of Rule-Based Decision-Making in Law and Life. Oxford: Clarendon Press. 2002. p. 55).

[182] KÄHLER, Lorenz. The influence of normative reasons on the formation of legal concepts. *In*: HAGE, Jaap C.; PFORDTEN, Dietmar von der (Ed.). *Concepts in law*. Dordrecht: Springer, 2009. p. 81.

[183] KÄHLER, Lorenz. The influence of normative reasons on the formation of legal concepts. *In*: HAGE, Jaap C.; PFORDTEN, Dietmar von der (Ed.). *Concepts in law*. Dordrecht: Springer, 2009. p. 81.

[184] Importante destacar que apesar de a linguagem ser usada com base em objetivos, a ideia de significado não é reduzida ao referido objetivo. Ver SCHAUER, Frederick. *Playing by the rules*. A Philosophical Examination of Rule-Based Decision-Making in Law and Life. Oxford: Clarendon Press. 2002. p. 55: "Although language is invariably used for a purpose, meaning is not reducible to that purpose, at least not to the purpose for which language is used on a particular occasion".

razão capaz de prescrever uma ação ou avaliação.[185] Nesse sentido, razões normativas não se limitam a razões "morais" ou "éticas". Podemos vislumbrar, por exemplo, razões estéticas sobre a simetria de um esquema conceitual.[186]

No mesmo sentido, o conceito de normatividade[187] será utilizado de forma simplificada, no sentido de que um fenômeno normativo[188] é um fenômeno apto a fornecer razões e/ou seja parcialmente composto por razões. Se a definição de conceitos jurídicos for influenciada por razões normativas, parece correto afirmar que o processo de construção do referido conceito não pode ser considerado um empreendimento puramente descritivo.

Voltando ao exemplo utilizado acima, um legislador ou grupo de trabalho parlamentar, quando da elaboração de um projeto de lei, pode se valer de conceitos já estabelecidos, introduzir novos conceitos ou reformular conceitos já existentes. Assim, podemos exemplificar como razões normativas podem influenciar a escolha descrita: (i) um parlamentar pode considerar preferível se valer de um conceito já estabelecido como estratégia para evitar incompreensões e operacionalizações desnecessárias; (ii) outro parlamentar pode defender o caráter obsoleto do conceito existente e sustentar a necessidade de um novo conceito distinto dos já existentes.

---

[185] KÄHLER, Lorenz. The influence of normative reasons on the formation of legal concepts. *In*: HAGE, Jaap C.; PFORDTEN, Dietmar von der (Ed.). *Concepts in law*. Dordrecht: Springer, 2009. p. 82.
[186] KÄHLER, Lorenz. The influence of normative reasons on the formation of legal concepts. *In*: HAGE, Jaap C.; PFORDTEN, Dietmar von der (Ed.). *Concepts in law*. Dordrecht: Springer, 2009. p. 82.
[187] Uma forma mais simplificada de se pensar em normatividade, sem adentrar em grandes distinções teóricas, é considerar que normatividade prática e normatividade teórica fazem parte de um gênero maior denominado normatividade. Ver: RAZ, Joseph. *From normativity to responsability*. Oxford: Oxford University Press, 2013. p. 9.
[188] Para normatividade como atributo do direito, ver: JESTAEDT, Matthias. *Das mag in der Theorie richtig sein... Vom Nutzen der Rechtstheorie für die Rechtspraxis*. Tübingen: Mohr Siebeck, 2006. p. 53.

Considerando que existem várias opções para a escolha e definição de conceitos, parece intuitivo se pensar que é natural que tal escolha e definição dependam de razões normativas. Do contrário, a escolha e definição de conceitos jurídicos seria arbitrária, no caso de ausência de razões, ou neutra, no caso de razões puramente descritivas.

Nesse sentido, pode se tentar discutir se a racionalidade[189] é uma propriedade necessária e/ou acidental do processo de escolha e definição de conceitos pelo agente, no nosso exemplo, o legislador, no sentido de que a racionalidade[190] permite a identificação, ainda que de forma incorreta, de fatos do mundo pelo agente, viabilizando a reação ou não, ao que se estabeleceu no processo mental humano, muitas vezes com uma avaliação causa e efeito.[191] A escolha de conceitos pode justamente se fundamentar em uma avaliação de causa e efeito, ainda que ela não ocorra na prática.

Em outras palavras, uma ação racional, vis-à-vis uma escolha e/ou definição racional de um conceito pelo legislador, pode ser explicada de forma genérica como a possibilidade de identificação e reação a fatos de mundo apresentados ao agente.

---

[189] Ao se falar em racionalidade, aqui, podemos pensar em racionalidade instrumental, no sentido de que a escolha de um conceito pode ou não ser adequada ao fim pretendido pelo legislador. De todo modo, não se desconsidera que existem discussões sobre a existência de tal espécie apartada de racionalidade. Ver: RAZ, Joseph. *From normativity to responsability*. Oxford: Oxford University Press, 2013. p. 167: "It appears that there is no such thing as instrumental irrationality. That is, there is no distinctive set of deliberative standards that are involved in getting us to reason correctly from ends we have to means, and that are different from those that are involved in reasoning about which ends to have".

[190] RAZ, Joseph. *Between authority and interpretation*. On the theory of law and practical reason. Oxford: Oxford University Press, 2013. p. 187: "It is rationally all right to perform an action so long as the reasons for it are more stringent. Therefore, if an action is favoured by one reason and opposed by another and neither of them defeats the other, then it is right both to perform the action and to refrain from it, and that is so whether the two conflicting reasons belong to the same point of view or to different point of views".

[191] RAZ, Joseph. *From normativity to responsability*. Oxford: Oxford University Press. 2013, p. 5: "In all these cases some features of the world make appropriate the existence, or the coming into existence, of another feature of the world. More specifically they make some reactions by agents appropriate, and-given that we are rational agents – they constitute reasons for those reactions. The explanation of normativity is the explanation of all features of the structures I point to".

Trata-se somente de uma possibilidade, uma vez que qualquer reação ou correta identificação é contingente ao conceito de ação racional aqui utilizado.[192] O legislador pode errar ao supor que seu projeto de lei que menciona eficiência implica, automaticamente, o incremento de eficiência econômica, uma vez que existem outras possibilidades interpretativas.[193]

Lorenz Kähler apresenta 4 (quatro) argumentos que podem ser utilizados para aprofundar a investigação de que os conceitos jurídicos são independentes de razões normativas e, neste sentido, neutros: (i) razões normativas não decorrem de conceitos jurídicos (tese de consequências neutras); (ii) razões normativas não determinam a escolha de conceitos jurídicos (tese da escolha neutra); (iii) razões normativas não determinam o conteúdo dos conceitos jurídicos (tese neutra do conteúdo); e (iv) razões normativas não determinam o processo como os conceitos jurídicos são definidos (processo neutro).

Com base no argumento presente no item (i), os conceitos por sua natureza não prescrevem ações e, portanto, não podem ter implicações normativas. Nesse sentido, consequências jurídicas decorrem de regras que englobam conceitos, e não dos conceitos isoladamente considerados. Em outras palavras, o mero fato de uma proposição normativa usar determinado conceito é insuficiente para a extração de alguma conclusão normativa.[194] A natureza normativa das normas jurídicas não implica que seus conceitos sejam escolhidos e definidos com base em certas razões normativas. Não há transferência de

---

[192] RAZ, Joseph. *From normativity to responsability*. Oxford: Oxford University Press, 2013. p. 4: "I will describe this polarity by saying that agents' rational capacities enable them (fallibly) to identify some values in some options and to respond to them, i.e. to recognize that those aspects of the option that make it valuable are reasons for taking it, and they enable them also to do so, to take that option for those reasons".

[193] Sobre polissemia e indefinição do termo *eficiência*, ver: SILVA, Gabriel Cozendey Pereira. *Eficiência administrativa na jurisprudência do STF*. Análise crítica e proposta conceitual. Rio de Janeiro: Vermelho Marinho, 2018. p. 73.

[194] BROUWER, B.; HAGE, Jaap. Basic concepts of European Private Law. *European Law Review of Private Law*, 15, 2007. p. 6: "The adoption of a set of basic concepts has relatively little influence on the law".

normatividade entre a norma e o conceito individualmente considerado, mesmo no caso de conceitos deônticos, como "dever" ou "certo".

Embora a aplicação de conceitos jurídicos em uma instância particular deva ser justificada por razões normativas, nenhuma implicação normativa segue do mero fato de que a lei se vale dos referidos conceitos. Um exemplo interessante é se pensar que diversas normas utilizam conceitos jurídicos indeterminados em termos avaliativos, no sentido de que são conceitos que podem ser usados tanto para aprovar quanto para reprovar uma situação ou ação. Da referida indeterminação avaliativa se extrai que os referidos conceitos não são capazes de prescrever uma ação, valoração ou reação. Assim, parece não existir uma ligação necessária entre um conceito jurídico e a avaliação jurídica da situação a que se aplica. Isso pode explicar como é possível que diferentes sistemas jurídicos usem conceitos equivalentes, apesar das grandes diferenças políticas, econômicas e, até, ideológicas.[195]

A afirmação de que razões normativas não originam de conceitos, na forma do item (i), não quer dizer que razões normativas não podem influenciar na escolha de certos conceitos, na forma do item (ii) acima. Uma boa forma de exemplificar o argumento do item (ii) é se pensar que nem todos os conceitos jurídicos podem ser igualmente adequados para prescrever comportamentos por meio de normas jurídicas.

Os conceitos podem, portanto, variar em sua adequação, a depender da meta almejada, por exemplo, pelo legislador, cujo objetivo é trazer certas consequências jurídicas oriundas do texto legal produzido. É o que Alexander Hellgardt

---

[195] KÄHLER, Lorenz. The influence of normative reasons on the formation of legal concepts. *In*: HAGE, Jaap C.; PFORDTEN, Dietmar von der (Ed.). *Concepts in law*. Dordrecht: Springer, 2009. p. 85.

denomina de objetivo regulatório do direito.[196] Eduard Picker fala em meta e/ou objetivo regulamentador do direito privado e destaca a influência direta na escolha de conceitos.[197] Um objetivo regulatório do legislador pode, portanto, influenciar a escolha de um conceito jurídico. Assim, sob certas condições, certos conceitos específicos podem ser mais adequados para realizar os objetivos do legislador.

A referida ideia pode ser reproduzida quando da definição de conceitos. Da mesma forma como uma razão normativa pode influenciar na escolha de um conceito, uma razão normativa pode influenciar na definição de um conceito. Por outro lado, podemos vislumbrar o argumento de que a definição de um conceito dependeria apenas de proposições descritivas.

Nesse sentido, em vez de se valer de um novo conceito, uma norma pode redefinir um conceito já existente. Ou seja, no processo de redefinição, o legislador poderia apresentar uma preferência por definições breves e específicas, preferência que seria normativa em espécie. Por outro lado, em caso de inexistência de qualquer preferência, qualquer definição poderia ser usada, o que em algum grau parece contraintuitivo ao direito. Como exemplo, podemos citar a relevância da "jurisprudência dos conceitos" – *Begriffsjurisprudenz*[198] e o tempo dedicado em investigações conceituais.

Conceitos jurídicos parecem essenciais para viabilizar a comunicação[199] por meio dos textos normativos e influenciar o comportamento dos destinatários das normas, sejam

---

[196] HELLGARDT, Alexander. *Regulierung und privatrecht*. Tübingen: Mohr Siebeck, 2016. p. 408. O autor fala em "objetiven Zielen des Gesetzes" e "Regulierungsziele des Gesetzgebers" ou "Regulierungsintention".

[197] PICKER, Eduard. Privatrechtssystem und negatorischer Rechtsschutz. *Tübinger Rechtswissenschaftliche Abhandlungen*, Tübingen, 92, 2019. p. 49.

[198] SOHM, Rudolph. Über Begriffsjurisprudenz, 1909. *In*: KRAWIETZ, W. *Theorie und Technik der Begriffsjurisprudenz*. [s.l.]: [s.n.], 1976. p. 363.

[199] Tal comunicação possui relevância ao se considerar a colocação de Raz, de que o direito é, ao menos em parte, um conjunto de normas feito por seres humanos com a finalidade de condicionar o comportamento de outros seres humanos. Nessa perspectiva, comunicação seria essencial, e conceitos bem delimitados cumprem uma função instrumental nesse

agentes públicos ou particulares.[200] Ainda que se considerasse a possibilidade de um conteúdo objetivo e determinado, o procedimento de formação de tal conteúdo parece infenso à influência de razões normativas. Nas palavras de Kähler: "Isto é especialmente importante devido à falta de uma metodologia consensual "'sobre como investigar e definir conceitos jurídicos".[201]

No que diz respeito ao conceito jurídico do termo *regulação*, parece existir certo consenso sobre a ausência de um conceito estanque ou predominante.

Uma forma de conceituar regulação é encarar o fenômeno como conjunto específico de regras a serem aplicadas por uma instituição dedicada a esse fim.

Outra possibilidade seria considerar que o fenômeno representa toda e qualquer forma de influência deliberada vis-à-vis intencional do Estado na seara particular. Aqui o conceito seria mais amplo, com o potencial de englobar qualquer ação estatal destinada a influenciar o comportamento econômico, industrial e social. Talvez a melhor forma de caracterizar essa segunda possibilidade é destacar que o fenômeno se circunscreve ao campo de ação positiva estatal.[202]

Por fim, existe uma forma extremamente ampla de compreensão. Pode-se considerar como regulação todos os mecanismos que afetam o comportamento, sejam eles derivados do

---

sentido (RAZ, Joseph. *Between authority and interpretation*. On the theory of law and practical reason. Oxford: Oxford University Press, 2013. p. 187).

[200] KRELL, Andreas J. *Discricionariedade administrativa e conceitos legais indeterminados*. Limites do controle judicial no âmbito dos interesses difusos. 2. ed. Porto Alegre: Livraria do Advogado, 2013. p. 49.

[201] KÄHLER, Lorenz. The influence of normative reasons on the formation of legal concepts. *In*: HAGE, Jaap C.; PFORDTEN, Dietmar von der (Ed.). *Concepts in law*. Dordrecht: Springer, 2009. p. 90.

[202] Robert Baldwin e Martin Cave elencam os seguintes exemplos na primeira edição da obra *Understanding regulation*: incentivos econômicos, impostos, subsídios, poderes contratuais, distribuição de recursos, franquias, fornecimento de informações ou outras técnicas (BALDWIN, Robert; CAVE, Martin. *Understanding regulation*. Theory, strategy and practice. Oxford: Oxford University Press, 1999. p. 2).

Estado ou de outras fontes. Segundo Robert Baldwin e Martin Cave, "Dentro desse uso do termo 'regulação', não há exigência de que os efeitos regulatórios de um mecanismo sejam deliberados ou projetados em vez de meramente incidentais a outros objetivos".[203]

Uma forma talvez intuitiva de se compreender regulação no caso relativo aos transportes rodoviários de gás natural é relacionar o princípio da precaução.[204] No ponto, confira-se importante passagem de Luís Fernando Schuartz:

> A escolha do nome – princípio da precaução foi uma homenagem ao *precautionary principle*, utilizado ocasionalmente nos Estados Unidos e na Europa por ocasião das discussões sobre regulação de riscos, sobretudo riscos ambientais e para a saúde. Trata-se de uma regra para a tomada de decisões sob "condições de ignorância", em que informações sobre as probabilidades de ocorrência dos estados de mundo relevantes ou não existem ou não podem ser obtidas a um custo aceitável.[205]

Explica-se: parecem existir riscos associados ao transporte rodoviário de gás natural que podem ser divididos em duas categorias: risco de segurança e risco da regulação. Nesse caso, o risco da regulação pode ser representado por externalidades produzidas pelas decisões regulatórias.

Ambas as categorias parecem evidenciar o seguinte *trade-off*: de um lado os riscos e incertezas aos quais a regulação visa responder, e, de outro, os riscos e incertezas gerados pela própria regulação, sobretudo quando se leva em conta que há

---

[203] Tradução livre do seguinte trecho: "Within this usage of the term 'regulation' there is no requirement that the regulatory effects of a mechanism are deliberate or designed rather than merely incidental to other objectives" (BALDWIN, Robert; CAVE, Martin. *Understanding regulation*. Theory, strategy and practice. Oxford: Oxford University Press, 1999. p. 2).

[204] SUNSTEIN, Cass R. *Laws of fear*: beyond the precautionary principle. Cambridge: Cambridge University Press, 2005. p. 4.

[205] SCHUARTZ, L. F. Quando o bom é o melhor amigo do ótimo. A autonomia do direito perante a economia e a política da concorrência. *Revista de Direito Administrativo*, v. 1, p. 96-127, 2007. p. 113.

nas legislações destinadas ao enfrentamento de riscos gerados por ações de agentes econômicos um viés pró-interesse difuso na solução desse tipo de *trade-off*.[206]

O risco de segurança parece se relacionar com a prevenção de efeitos indesejáveis, a exemplo de uma explosão ou impacto ambiental relacionado ao transporte rodoviário de gás.[207] Por outro lado, o risco da regulação parece se relacionar com a produção de efeitos anticompetitivos, criação de ônus e aumento de custos de transação ao particular.[208]

O conceito de regulação que será adotado adiante se refere estritamente ao controle estatal de serviços públicos[209] e do ambiente concorrencial do mercado de transporte rodoviário de gás natural.[210] Nesse sentido, ao se associar o aludido conceito de regulação ao princípio da precaução, nos moldes retratados por Luís Fernando Schuartz, inicia-se uma abordagem no texto que talvez indique a opção normativa por uma teoria funcionalista da regulação que considere o princípio da precaução como meta regra de decisão.

2 Do potencial conflito normativo

A Lei nº 14.134, de 8.4.2021,[211] parece antecipar a possibilidade de conflito normativo, ao prever, no §2º do art. 25,

---

[206] SCHUARTZ, L. F. Quando o bom é o melhor amigo do ótimo. A autonomia do direito perante a economia e a política da concorrência. *Revista de Direito Administrativo*, v. 1, p. 96-127, 2007. p. 114.

[207] Nesse sentido: "Regulation is often thought of as an activity that restricts behaviour and prevents the occurrence of certain undesirable activities (a 'red light' concept)" (BALDWIN, Robert; CAVE, Martin. *Understanding regulation*. Theory, strategy and practice. Oxford: Oxford University Press, 1999. p. 2). Ver também: HARLOW, C.; RAWLINGS, A. *Law and administration*. 2. ed. Londres: [s.n.], 1997. Capítulo 2.

[208] TOMASEVICIUS FILHO, E. A tal "lei da liberdade econômica". *Revista da Faculdade de Direito – Universidade de São Paulo*, v. 114, p. 101-123, 2019. p. 121. Disponível em: https://doi.org/10.11606/issn.2318-8235.v114p101-123. Acesso em: 14 maio 2021.

[209] Importante destacar o §2º do art. 1º da Lei nº 14.

[210] MATTOS, Paulo Todescan Lessa. *O novo Estado regulador no Brasil*: eficiência e legitimidade. 2. ed. São Paulo: Revista dos Tribunais, 2017. p. 39.

[211] "Dispõe sobre as atividades relativas ao transporte de gás natural, de que trata o art. 177 da Constituição Federal, e sobre as atividades de escoamento, tratamento, processamento,

a possibilidade de articulação entre a ANP e outras agências reguladoras com a finalidade de adequar a regulação do transporte referido no §1º do art. 25, a exemplo do transporte rodoviário.

Ocorre que o art. 22, inc. VII da Lei nº 10.233, de 5.6.2001, prevê expressamente que constitui objeto de regulação pela ANTT o mercado de transporte de cargas especiais e perigosas em rodovias e ferrovias.[212]

A Resolução nº 5.848, de 25.6.2019, afirma expressamente que compete à ANTT, nos termos da Lei nº 10.233, de 5.6.2001, estabelecer padrões e normas técnicas complementares relativos às operações de transporte terrestre de produtos perigosos, bem como determinar proibições de transporte de produtos perigosos específicos.

Nesse sentido, é importante destacar que, com base na competência legal da ANTT, existe uma série de atos normativos regulatórios que parecem diretamente afetados pela literalidade da Lei nº 14.134, de 8.4.2021.

A título de exemplo, a ANTT publicou, no *Diário Oficial da União* (*DOU*) de 30.7.2015, a Resolução nº 4.799, de 27.7.2015, que regulamenta os procedimentos para inscrição e manutenção no Registro Nacional de Transportadores Rodoviários de Cargas (RNTRC). Ainda, destaca-se a Resolução nº 5.232, de 14.12.2016, que aprova as Instruções Complementares ao Regulamento Terrestre do Transporte de Produtos Perigosos.

---

estocagem subterrânea, acondicionamento, liquefação, regaseificação e comercialização de gás natural; altera as Leis nºs 9.478, de 6 de agosto de 1997, e 9.847, de 26 de outubro de 1999; e revoga a Lei nº 11.909, de 4 de março de 2009, e dispositivo da Lei nº 10.438, de 26 de abril de 2002".

[212] "Art. 22. Constituem a esfera de atuação da ANTT: I - o transporte ferroviário de passageiros e cargas ao longo do Sistema Nacional de Viação; II - a exploração da infra-estrutura ferroviária e o arrendamento dos ativos operacionais correspondentes; III - o transporte rodoviário interestadual e internacional de passageiros; IV - o transporte rodoviário de cargas; V - a exploração da infra-estrutura rodoviária federal; VI - o transporte multimodal; VII - o transporte de cargas especiais e perigosas em rodovias e ferrovias".

Deve-se destacar ainda que a ANTT se submete ao Orange Book,[213] documento elaborado no âmbito do Comitê de Peritos em Transporte de Produtos Perigosos das Nações Unidas.

Por fim, vale o registro da atribuição do Instituto Nacional de Metrologia, Normalização e Qualidade Industrial – INMETRO de regulamentar e acompanhar os programas de avaliação da conformidade e fiscalização de embalagens, embalagens grandes, contentores intermediários para granéis (IBCs) e tanques portáteis, de acordo com o disposto na Lei nº 5.966, de 11.12.1973, e Lei nº 9.933, de 20.12.1999.

Acresça-se pontuar que §2º do art. 25 da Lei nº 14.134, de 8.4.2021, parece em consonância com o disposto no Capítulo IV da Lei nº 13.848, de 25.6.2019.[214] Ocorre que parece existir uma distinção substancial que possui aptidão para gerar conflitos entre a ANTT e a ANP. Ao contrário da Lei nº 13.848/19, a Lei nº 14.134/21 aparenta estabelecer uma espécie de prerrogativa hierárquica *prima facie* em favor da ANP. No ponto, confira-se a literalidade do diploma em análise:

---

[213] Ver: UN MODEL REGULATIONS. *UN Recommendations on the Transport of Dangerous Goods* – Model Regulations Nineteenth revised edition. 2015. Disponível em: https://unece.org/rev-19-2015. Acesso em: 14 maio 2021.

[214] O Capítulo IV versa sobre a articulação entre agências reguladoras: "Art. 29. No exercício de suas competências definidas em lei, duas ou mais agências reguladoras poderão editar atos normativos conjuntos dispondo sobre matéria cuja disciplina envolva agentes econômicos sujeitos a mais de uma regulação setorial. §1º Os atos normativos conjuntos deverão ser aprovados pelo conselho diretor ou pela diretoria colegiada de cada agência reguladora envolvida, por procedimento idêntico ao de aprovação de ato normativo isolado, observando-se em cada agência as normas aplicáveis ao exercício da competência normativa previstas no respectivo regimento interno. §2º Os atos normativos conjuntos deverão conter regras sobre a fiscalização de sua execução e prever mecanismos de solução de controvérsias decorrentes de sua aplicação, podendo admitir solução mediante mediação, nos termos da Lei nº 13.140, de 26 de junho de 2015 (Lei da Mediação), ou mediante arbitragem por comissão integrada, entre outros, por representantes de todas as agências reguladoras envolvidas. Art. 30. As agências reguladoras poderão constituir comitês para o intercâmbio de experiências e informações entre si ou com os órgãos integrantes do Sistema Brasileiro de Defesa da Concorrência (SBDC), visando a estabelecer orientações e procedimentos comuns para o exercício da regulação nas respectivas áreas e setores e a permitir a consulta recíproca quando da edição de normas que impliquem mudanças nas condições dos setores regulados".

Art. 25. A ANP regulará o exercício da atividade de acondicionamento para transporte e comercialização de gás natural ao consumidor final por meio de modais alternativos ao dutoviário. §1º Entende-se por modais alternativos ao dutoviário a movimentação de gás natural por meio rodoviário, ferroviário e aquaviário. §2º A ANP articular-se-á com outras agências reguladoras para adequar a regulação do transporte referido no §1º deste artigo, quando for o caso.

A redação do *caput* do art. 25 e o seu §2º parecem confirmar o argumento desenvolvido acima. Importante ainda considerar que a Lei nº 14.134/2021 pode gerar conflito entre normas regulatórias da ANP e de agências reguladoras estaduais.[215]

Observa-se que a Lei nº 14.134/2021 dispõe que o consumidor livre, o autoprodutor ou o autoimportador cujas necessidades de movimentação de gás natural não possam ser atendidas pela distribuidora de gás canalizado estadual poderão construir e implantar, diretamente, instalações e dutos para o seu uso específico, mediante celebração de contrato que atribua à distribuidora de gás canalizado estadual a sua operação e manutenção.

Destaca-se que a movimentação de gás natural pode se dar de forma intermodal, abarcando o transporte rodoviário aqui em análise. A competência de entidades estaduais parece consagrada nos §§1º, 2º e 3º do art. 29[216] do referido diploma.

---

[215] Na introdução foi citado o exemplo da Agência Reguladora de Energia e Saneamento do Estado do Rio de Janeiro – Agenersa, que possui competência no âmbito do mercado de gás natural.

[216] "§1º As tarifas de operação e manutenção das instalações serão estabelecidas pelo órgão regulador estadual em observância aos princípios da razoabilidade, da transparência e da publicidade e às especificidades de cada instalação. §2º Caso as instalações e os dutos sejam construídos e implantados pela distribuidora de gás canalizado estadual, na fixação das tarifas estabelecidas pelo órgão regulador estadual deverão ser considerados os custos de investimento, de operação e de manutenção, em observância aos princípios da razoabilidade, da transparência e da publicidade e às especificidades de cada instalação. §3º Caso as instalações de distribuição sejam construídas pelo consumidor livre, pelo autoprodutor ou pelo autoimportador, na forma prevista no caput deste artigo, a distribuidora de gás canalizado estadual poderá solicitar-lhes que as instalações sejam dimensionadas de

Assentadas essas premissas normativas, a hipótese do trabalho está confirmada. A Lei nº 14.134/2021 possui o potencial de gerar conflito entre agências reguladoras de diferentes setores e entes federativos, e ele se relaciona diretamente com os riscos de segurança e da regulação.[217] A próxima seção do artigo almeja apresentar algumas soluções ao problema.

3 Soluções possíveis

Uma primeira possibilidade de solução ao aparente conflito normativo parece decorrer da correta compreensão e aplicação regulatória do termo "governança".[218] O ponto é que "nenhum ator pode controlar sozinho os processos de tomada de decisão",[219] premissa que se aplica à ANP, ANTT e demais atores envolvidos no transporte rodoviário de gás natural.

A boa governança praticada pelas agências setoriais, notadamente a ANTT e a ANP, assim como pelos *players* do mercado de transporte rodoviário de gás natural seria uma aparente solução por funcionar como uma espécie de garantia reputacional[220] de que "as operações daquele empreendimento

---

forma a viabilizar o atendimento a outros usuários, negociando com o consumidor livre, o autoprodutor ou o autoimportador as contrapartidas necessárias, sob a arbitragem do órgão regulador estadual".

[217] BALDWIN, Robert; CAVE, Martin. *Understanding regulation*. Theory, strategy and practice. Oxford: Oxford University Press, 1999. p. 2.

[218] Ver DANTAS, Bruno. Consensualismo, eficiência e pluralismo administrativo: um estudo sobre a adoção da mediação pelo TCU. *Revista Jurídica da Presidência*, v. 22, p. 261-280, 2020. p. 268: "Governança é um método ou mecanismo para regular uma ampla gama de problemas ou conflitos, pelos quais os atores chegam regularmente a decisões mutuamente satisfatórias ou vinculativas, por meio de negociação e cooperação', sendo caracterizada por 'formas horizontais de interação' entre atores que têm interesses contraditórios, mas que são suficientemente independentes um do outro que nenhum deles pode impor uma solução por si só, sendo suficientemente interdependente para que 'todos eles' percam se nenhuma solução for encontrada".

[219] DANTAS, Bruno. Consensualismo, eficiência e pluralismo administrativo: um estudo sobre a adoção da mediação pelo TCU. *Revista Jurídica da Presidência*, v. 22, p. 261-280, 2020. p. 268.

[220] CARPENTER, Daniel P. *Reputation and power*: organizational image and pharmaceutical regulation at the FDA. Princeton: Princeton University Press, 2010. p. 1.

são realizadas sobre sólidas bases éticas, em cumprimento às normas vigentes e que, por isso mesmo, são confiáveis".[221]

O foco em boa governança poderia resolver eventuais conflitos oriundos das normas em análise e pode ser importante para incrementar a *accountability*[222] dos *players* do setor.

Outra possibilidade decorre da transferência de normas que possuam a finalidade de suprir lacunas e evitar conflitos oriundos de uma aplicação monotemática da legislação[223] aos contratos de transporte.[224]

De todo modo, o caso em análise envolve a possibilidade de superação de uma norma expressa, se for considerado que a redação do *caput* do art. 25 e seu §2º da Lei nº 14.134/2021, de fato, consagra uma espécie de hierarquia em favor da ANP.

A discussão se relaciona com a ideia de derrotabilidade (*defeasibility*).[225] A norma (prerrogativa em prol da regulação da ANP) extraída do *caput* do art. 25 e seu §2º seria uma justificativa de primeira ordem "derrotável"[226] quando não serve à justificativa de fundo da regra relacionada ao risco de segurança e ao risco regulatório do setor de transporte rodoviário de gás natural.[227]

---

[221] DANTAS, Bruno; GOMES, Valdecyr Maciel. A governança nas agências reguladoras: uma proposta para o caso de vacância. *Revista de Informação Legislativa: RIL*, Brasília, v. 56, n. 222, p. 11-31, abr./jun. 2019. Disponível em: https://www12.senado.leg.br/ril/edicoes/56/222/ril_v56_n222_p11. Acesso em: 21 maio 2021.

[222] BRASIL. Tribunal de Contas da União. *Referencial Básico de Governança Aplicável a Órgãos e Entidades da Administração Pública*. Versão 2. Brasília: TCU, Secretaria de Planejamento, Governança e Gestão, 2014. 80 p.

[223] BALDWIN, Robert; CAVE, Martin. *Understanding regulation*. Theory, strategy and practice. Oxford: Oxford University Press, 1999. p. 46-47.

[224] Ver: DAINTITH, T. *Regulation by contract*: the new prerogative. *Current Legal Problems*, 41, 1979.

[225] SHAUER, Frederick. *Playing by the rules*. A philosopical examination of rule-based decision-making in law and life. Oxford: Oxford University Press, 2002. p. 75.

[226] SHAUER, Frederick. *Playing by the rules*. A philosopical examination of rule-based decision-making in law and life. Oxford: Oxford University Press, 2002. p. 76.

[227] SCHUARTZ, L. F. Quando o bom é o melhor amigo do ótimo. A autonomia do direito perante a economia e a política da concorrência. *Revista de Direito Administrativo*, v. 1, p. 96-127, 2007. p. 114.

Por fim, é coerente estabelecer o papel do princípio da precaução[228] no caso analisado. Eventuais soluções aos conflitos regulatórios que podem surgir da publicação da Lei nº 14.134/2021 se relacionam com a ideia de regulação de risco.[229]

A regulação dos modais alternativos ao dutoviário para a movimentação de gás natural deve se preocupar com os riscos que a aludida modalidade de transporte oferece, assim como aos riscos que medidas regulatórias podem oferecer ao setor.[230]

Considerações finais

A hipótese do artigo está confirmada. De fato, existem diversos dispositivos na Lei nº 14.134, de 8.4.2021 (Nova Lei do Mercado de Gás) que se encontram em aparente conflito com atribuições e competências de outras agências reguladoras que não a ANP, a exemplo da ANTT.

A efetiva existência ou não de conflitos normativos, todavia, não abala a confirmação da hipótese do artigo, uma vez que o diagnóstico e as propostas aqui formuladas podem funcionar como cartilha inicial para identificação de um problema ainda desconhecido, ao menos, na academia, diante da ausência de trabalhos específicos sobre o tema.

A regulação dos modais alternativos ao dutoviário para a movimentação de gás natural parece oferecer um campo rico para debates relacionados ao direito regulatório, uma vez que se trata de matéria multidisciplinar e de difícil mapeamento e monitoramento.

---

[228] SUNSTEIN, Cass R. *Laws of fear*: beyond the precautionary principle. Cambridge: Cambridge University Press, 2005. p. 4.
[229] BALDWIN, Robert; CAVE, Martin. *Understanding regulation*. Theory, strategy and practice. Oxford: Oxford University Press, 1999. p. 138.
[230] SCHUARTZ, L. F. Quando o bom é o melhor amigo do ótimo. A autonomia do direito perante a economia e a política da concorrência. *Revista de Direito Administrativo*, v. 1, p. 96-127, 2007. p. 114.

O tema ainda se relaciona com a própria função do direito. Adotando-se uma perspectiva funcional, o direito tem como tarefa traduzir posições e interesses em posições jurídicas de vantagem e relacioná-los entre si.[231] Tal fato parece encontrar alguma resistência com base no diagnóstico realizado pelo artigo.

Quanto às soluções, é natural, considerando o ineditismo temático, a adoção de visões normativas. O importante é que o espírito central do artigo não é adentrar em uma crítica específica à ANP, ANTT ou até Agenersa, considerando os exemplos utilizados. Na verdade, a melhor interpretação que se pode dar a este artigo é que ele se destina ao estímulo de um diálogo interinstitucional entre os atores envolvidos na regulação do transporte rodoviário de gás natural.

Referências

AARNIO, Aulis. *The Rational as Reasonable*. A treatise on Legal Justification. Dordrecht: D. Reidel Publishing Company, 1986.

BALDWIN, Robert; CAVE, Martin. *Understanding regulation*. Theory, strategy and practice. Oxford: Oxford University Press, 1999.

BRASIL. Tribunal de Contas da União. *Referencial Básico de Governança Aplicável a Órgãos e Entidades da Administração Pública*. Versão 2. Brasília: TCU, Secretaria de Planejamento, Governança e Gestão, 2014. 80 p.

CARNAP, Rudolph. *Logical foundations of probability*. Chicago: University of Chicago Press, 1962.

CARPENTER, Daniel P. *Reputation and power*: organizational image and pharmaceutical regulation at the FDA. Princeton: Princeton University Press, 2010.

DAINTITH, T. *Regulation by contract*: the new prerogative. *Current Legal Problems*, 41, 1979.

DANTAS, Bruno. Consensualismo, eficiência e pluralismo administrativo: um estudo sobre a adoção da mediação pelo TCU. *Revista Jurídica da Presidência*, v. 22, p. 261-280, 2020.

---

[231] VON ARNAULD, Andreas. *Zur Rhetorik der Verhältnismäßigkeit*. Verhältnismäßigkeit. Tübingen: Mohr Siebeck, 2015.

DANTAS, Bruno; GOMES, Valdecyr Maciel. A governança nas agências reguladoras: uma proposta para o caso de vacância. *Revista de Informação Legislativa: RIL*, Brasília, v. 56, n. 222, p. 11-31, abr./jun. 2019. Disponível em: https://www12.senado.leg.br/ril/edicoes/56/222/ril_v56_n222_p11. Acesso em: 21 maio 2021.

HARLOW, C.; RAWLINGS, A. *Law and administration*. 2. ed. Londres: [s.n.], 1997.

HELLGARDT, Alexander. *Regulierung und privatrecht*. Tübingen: Mohr Siebeck, 2016.

KÄHLER, Lorenz. The influence of normative reasons on the formation of legal concepts. *In*: HAGE, Jaap C.; PFORDTEN, Dietmar von der (Ed.). *Concepts in law*. Dordrecht: Springer, 2009. p. 81-97.

KRELL, Andreas J. *Discricionariedade administrativa e conceitos legais indeterminados*. Limites do controle judicial no âmbito dos interesses difusos. 2. ed. Porto Alegre: Livraria do Advogado, 2013.

KUREK, Łukasz. The Unit of Law and the Internal Point of View. *In*: HELLWEGE, Phillip; SONIEWICKA, Marta (Herausgegeben). *Die Einheit der Rechtsordnung*. Tübingen: Mohr Siebeck, 2020.

PFORDTEN, Dietmar von der. About Concepts in Law. *In*: HAGE, Jaap C.; PFORDTEN, Dietmar von der (Ed.). *Concepts in law*. Dordrecht: Springer, 2009. p. 17-34.

PICKER, Eduard. Privatrechtssystem und negatorischer Rechtsschutz. *Tübinger Rechtswissenschaftliche Abhandlungen*, Tübingen, 92, 2019.

POSCHER, Ralf. The hand of Midas: when concepts turn legal, or deflating the hart-dworkin debate. *In*: HAGE, Jaap C.; PFORDTEN, Dietmar von der (Ed.). *Concepts in law*. Dordrecht: Springer, 2009. p. 99-116.

RAZ, Joseph. *Between authority and interpretation*. On the theory of law and practical reason. Oxford: Oxford University Press, 2013.

SCHUARTZ, L. F. Quando o bom é o melhor amigo do ótimo. A autonomia do direito perante a economia e a política da concorrência. *Revista de Direito Administrativo*, v. 1, p. 96-127, 2007.

SHAUER, Frederick. *Playing by the rules*. A philosopical examination of rule-based decision-making in law and life. Oxford: Oxford University Press, 2002.

SILVA, Gabriel Cozendey Pereira. *Eficiência administrativa na jurisprudência do STF*. Análise crítica e proposta conceitual. Rio de Janeiro: Vermelho Marinho, 2018.

SOHM, Rudolph. Über Begriffsjurisprudenz, 1909. *In*. KRAWIETZ, W. *Theorie und Technik der Begriffsjurisprudenz*. [s.l.]: [s.n.], 1976.

STEVENSON, Charles L. *Ethics and language*. New Haven: Yale University Press, 1944.

SUNSTEIN, Cass R. *Laws of fear*: beyond the precautionary principle. Cambridge: Cambridge University Press, 2005.

UN MODEL REGULATIONS. *UN Recommendations on the Transport of Dangerous Goods* – Model Regulations Nineteenth revised edition. 2015. Disponível em: https://unece.org/rev-19-2015.

VON ARNAULD, Andreas. *Zur Rhetorik der Verhältnismäßigkeit*. Verhältnismäßigkeit. Tübingen: Mohr Siebeck, 2015.

WELLNHOFER, P.; KELLNER, A. W. A. The skull of Tapejara wellnhoferi Kellner (Reptilia, Pterosauria) from the Lower Cretaceous Santana Formation of the Araripe Basin, Northeastern Brazil. *Mitteilungen der Bayerischen Staatssammlung für Paläontologie und Geologie*, Alemanha, v. 31, p. 89-106, 1991.

Informação bibliográfica deste texto, conforme a NBR 6023:2018 da Associação Brasileira de Normas Técnicas (ABNT):

DANTAS, Bruno; KELLNER, Alexander Leonard Martins. O risco de conflito regulatório na movimentação de gás natural. *In*: DANTAS, Bruno. *Consensualismo na Administração Pública e regulação*: reflexões para um Direito Administrativo do século XXI Belo Horizonte: Fórum, 2023. p. 159-183. ISBN 978-65-5518-595-9.

SOBRE OS COLABORADORES

Alexander Leonard Martins Kellner
Doutorando e Mestre em Direito Regulatório pela Fundação Getulio Vargas. Ex-Procurador-Geral da Agenersa.

Alexandre Freire
Conselheiro Diretor da Anatel. Doutor em Direito pela PUC-SP. Mestre em Direito pela UFPR.

Frederico Dias
Secretário-Geral da Presidência do TCU. Auditor Federal de Controle Externo. Especialista pós-graduado em Auditoria e Controle Governamental.

Gabriel Rebello Esteves Areal
Mestre em Direito da Regulação – FGV Direito Rio. Graduado em Direito. Advogado do Departamento Jurídico de Saneamento e Transporte do BNDES. *E-mail*: areal.gabriel@gmail.com.

Sandro Zachariades Sabença
Mestre em Direito da Regulação – FGV Direito Rio. Pós-graduado em Direito Processual Civil. Especialista em Auditoria e Contabilidade Pública. Graduado em Direito e Contabilidade. Auditor Federal da Controladoria-Geral da União (CGU). *E-mail*: ssabenca@ymail.com.

Valdecyr Maciel Gomes
Mestre em Direito da Regulação – FGV Direito Rio. Especialista em Direito Financeiro Internacional pela Oxford University.

Esta obra foi composta em fonte Palatino Linotype, corpo 10 e
impressa em papel Pólen Bold 70g (miolo) e Supremo 250g (capa)
pela Artes Gráficas Formato